現代の奴隷

SLAVES AMONG US
The Hidden World of Human Trafficking
Monique Villa

身近にひそむ人身取引ビジネスの真実と私たちにできること

モニーク・ヴィラ 著
山岡万里子 訳

英治出版

Slaves Among Us
The Hidden World
of Human Trafficking
by
Monique Villa

この10年間に出会えたサバイバーたち、および私の知らない何百万もの人々に。
そして、クロエ、バティスト、シャルロット、セレステ、ピアに。

知る権利を得た者には、行動する義務がある。

——アルバート・アインシュタイン

日本語版への序文

日本も現代奴隷と無縁ではない。オーストラリアの団体「ウォークフリー」が発表した推定値では、5年前の時点で日本には3万7000人の奴隷がいたという。世界中で奴隷状態にある人の推計人数がこの5年で4000万人から5000万人に増えたことを考えれば、日本で奴隷状態にある人の数も増えているはずだ。アメリカが2022年に発表した「人身取引報告書」では、日本政府の人身取引対策は不十分であり、多くの課題があると指摘されている。

サッカーのワールドカップ・カタール大会の開催によって、何千人ものネパール人・インド人出稼ぎ労働者に光が当てられた。彼らは家族を養うために普通の仕事をするつもりが、気づけば奴隷として働かされ、〝雇い主〟の許可なく出国することもできなくなった。本書の主要登場人物3人のうちの1人であるディーペンドラは、2年半に及ぶ真の地獄から抜け出せた人だ。けれども、並外れた勇気で脱出した後も、年利60％で増え続ける借金を返済しなければならなかった。本書では、彼自身の言葉でその物語が語られる。湾岸諸国においてこの状況を改善するための取り組みは、まだまだ不十分だ。

美しいコロンビア人女性マルセーラが南米から飛び立ったのは、ステージで世界的キャリアを積めると約束されたからだった。ところが日本に降り立ったときから（彼女はそこをニューヨークだと思っていた）、ヤクザ（暴力団）によって奴隷状態にされた。日本語も話せないのに東京で路上売春を強要され、コロンビアからの旅費や莫大な利息を含む借金を、人身取引加害者に返済しなければならなかった。すべて本書で、彼女自身の言葉で語られている。これらの地域での状況改善の取り組みも、まだまだ不十分だ。

最後のジェニファー・ケンプトンはアメリカの白人女性ですばらしい人物だが、恋に落ちた相手の男によって、暴力と薬物依存で虐待され、奴隷にされた。6年に及んだ日常的な殴打、煙草の押し付けによる火傷、首や体に彫り込まれた加害者の名前のタトゥーなどの虐待から、彼女は脱出した。過酷なPTSDを抱えながらも、彼女はすばらしいNGOを立ち上げて成長させ、アメリカにいる他の被害者たちがタトゥーから解放されるための支援を行った。

人身取引は発展著しい産業《ビジネス》であり、加害者たちが処罰を受けず放置されていることを一因として、ますます成長している。どんな立場の人であっても、虐待者《ブロー》と出会った時点で脆弱な状態だと、罠に落ちてしまう可能性がある。そういうことが各地で繰り返されているのだ。

この、人間の最も基本的な権利である「自由」を脅かす犯罪に対し、私たちは手を携えて、撲滅のために力を合わせることができる。

本書では特に、現代奴隷問題の根絶のために、私たち一人ひとりがいかに役割を果たすことができるかを、描き出している。

※本文中の〔　〕は訳注を表す。
※原著者の承諾の下、原書にない小見出し・改行を追加した。

序文――なぜ？

マンハッタンにあるレストラン《ボンド45》で、ロイターの同僚でもある友人セイダと夕食をともにしていたときのこと。パリが憧れだと言う相手に向かって、私は、母方が先祖代々パリ在住で、自分は生粋のパリっ子なのだと話していた。「ラッキーね」と友人は言った。「私なんて、自分の家族がどこの出身かまったく知らない。奴隷の家系だから。アメリカに来る前、先祖がどこに住んでいたのかわからないのよ」

それは私にとって、奴隷制を現実として認識した初めての出来事だった。12年も前の話だが、今でも当時のことをはっきり思い出せる。この同僚のおかげで、おそらく黒人の友人たちのほとんどがセイダと同じ状況であろうことに、私はすぐに思い至った。10代前まで遡れるパリっ子にとり、それは衝撃だった。

アメリカで奴隷制度が廃止され150年を経た今もなお、皮膚の奥にはまだ深い傷が残っているという、驚くべき事実を私は知った。セイダは言うなれば、自分が何者なのかをいまだに探し続けている。

２００８年11月４日、私は再び彼女と一緒にいた。このときはハーレム地区で、歓喜に満ちた、真に歴史的な夜を分かち合っていた――アメリカ合衆国初の黒人大統領となるバラク・オバマが、奴隷の子孫である妻ミシェルとともに選挙に勝利したのだ。当時の私はすでに現代の奴隷制に関心を抱き始めていた。奴隷制は実際に世界中に存在していた。異なる外面によってカモフラージュされていただけだ。

それは私がトムソン・ロイター財団のＣＥＯに指名された直後だった。同年の初め、ロイターはトムソンに吸収合併された。私はＣＥＯのトム・グローサーから、ロイター財団の指揮を執って、より大規模なトムソン・ロイター財団に再編し、新会社に対して強い影響を与えて文化の薫りを吹き込むようにと命じられた。トムは後に私をこの職に就けた理由をこう語った。「大規模な会社と、比較的小規模な財団を持っている場合、なにか規格外のものが欲しくなるだろう？　ＣＥＯの部屋に飛び込んできて、『われわれはこれをやらなきゃダメです！』と言うような、誰かがね」。私は一も二もなくその仕事を引き受けていた。

その職務は挑戦のしがいがあり、最大限のインパクトを発揮するにはどこでどうすればいいかを私は考え始めた。最大の課題は、会社の技術をどのように使えば、声なき人々、忘れられた人々のために社会進化を推し進めることができるか、だった。私は自分の直感を信じ、とてつもないアクション――それも集団でのアクション――の可能性を見つけた。それは現代奴隷制の残忍さと、どうすればその悪の世界に変化をもたらすことができるか、を考えることだった。

子どもの頃から私を突き動かしていたのは、権力の座にある者がその裏に何を隠し持っているのかを知りたいという欲求と好奇心だった。だからこそ私はジャーナリストの道を選び、ローマ、ロンドン、パリへと移り住み、政治から外交危機、果てはチャールズ皇太子とダイアナ妃の離婚に至るまで、多くの話題を追いかけることになった。


常に自らの直感を信じるようになったのは、22歳で死にかけた時からだ。特に激しい喘息の発作が起きて、3日間深い昏睡状態に陥り、挿管器具につながれた。パリのラエンネック病院の蘇生室で目が覚めた私は、二つのことが自分の人生を変えてしまったことに気づいた。

第1に、自分が何ひとつ良いことをなしえないまま死ぬところだったことに、絶望した。このとき身に沁み込んだ切迫感は、その後一度も拭えたことがない。ほんのわずかでも良いことをしたかったら、急がなくては――人生はとても短いかもしれないのだから。

第2に、神は存在しない、とほぼ確信するに至ったことだ。当時は読書が生き甲斐だった。『戦争と平和』は何度も読んだし『山猫』も再読した。どちらの作品でも主人公が死ぬ。死の直前、両者とも自己の生涯が走馬灯のように蘇り、光があふれ平安へと導かれる。私にとりそれは、神の姿を垣間見ることの喩えに思えた。

しかし苦しい喘息の発作中、私には光も神もなにも見えず、ただただ必死に呼吸を求めて喘ぐだけだった。息ができない私にとり、死は解放であり、息苦しさの終わりであり、疲弊した肉体の最後の平安だったろう。けれども私は生き返り、人生ただでは終わらせないという怒りをもって、誰になんと言われようとも自分がしたいことを選ぶ自由を、固く信じるようになっていた。

自由——。それによって私は、新たに任された財団で、自由を完全に奪われた人々を助けなくてはいけない、と信じるに至った。そして、まるで偶然のように、人身取引や現代奴隷制との闘いに深く献身する人々との出会いが始まった。

10年前の当時、私は、21世紀に奴隷であるということの意味を、ほとんど理解していなかった。ましてや人間をモノ扱いするということは、私の理解を超えていた。子どもが男性が女性が、搾取され、殴られ、拷問され、売られ、転売され、完全に服従させられる——そして利用価値がなくなれば捨てられる——という観念自体、あまりにおぞましすぎた。奴隷たちがどんなふうに脱出するのか、救出作戦の裏の複雑な詳細など、知る由もなかった。

私がこの未知の世界への旅を始めたのは、深い好奇心からだった——それは何年も昔、私をジャーナリズムの世界にいざなったのと同じ好奇心だ。事実、その手法は瓜二つだったと言える。知識を持っている人の話を聴いて、学ぶ。第一線で奴隷制と闘うＮＧＯ、被害者が何年分もの未払い賃金を回収できるようプロボノで支援する弁護士たち、この分野で国際的に研究する学者たち、いくつかの国の政府の役人、警察、検察、そして私の母語を話す調査ジャーナリストたちに、私は話を聴きに行った。

けれども地球規模のこの犯罪が、いかに特殊性を帯び広範囲に及んでいるかを心底理解できたのは、サバイバー〔被害状態から救出され、または自ら抜け出した人。「元被害者」だが、いつまでも弱い立場ではないことを示し、また苦境を克服したことに敬意を表して、こう呼ぶことが多い〕たちを通してだった。本書はそうした私にとっての英雄である彼らの物語を伝え、その勇気を示すものにしたい。それは、知識を得ることで行動が生まれる、という確信があるからだ。

この本を通して、より多くの人に、現代の奴隷制に気づいてほしい。見えない犯罪ではあるが、ひとたび指摘されれば、気づくのは難しくない。そしてひとたび気づいたら、正しい知識をもって行動することができる。たとえば消費者として、私たちには選択肢《チョイス》と声《ヴォイス》がある。少なくとも、強制労働によって汚染された製品の購入を避けることができる。アインシュタインが言ったように、「知る権利を得た者には、行動する義務がある」はずだ。

現代奴隷制という悪を終わらせるために私が貢献できるとしたら、それは点と点を結ぶことではないかと思っている。さまざまな専門家、議員、弁護士、ＣＥＯ、そして今あなたが本書を読んでいる間も苦しんでいる何百万もの人々に真の変化をもたらすため、現場で行動し続けている人々を、結ぶことだ。私はなるべく多くの人を集めて、別々に働いているその仕切りを崩していこうと思う。私たちは、ともに行動する。サバイバーたちが、誰よりも強くすばらしい人間として、敬意を払われていると実感できるようにしたい。サバイバーたちは奴隷制との闘いの中心だ。彼らは必要な知識や経験を持つだけでなく、彼らの声にこそ、脆弱な立場にある人々が耳を傾けるからだ。

そして私たちのほとんどが、助けになることができる——もし、あえて見ることを選ぶなら。過去5年間でいくつもの良い兆候が表れ、数多くの異なる種類の解決方法が生まれている。私たちは一人ひとり、この闘いにおいて役割を果たすことができる——消費者として、市民として、一人の人間として。本書はその方法を探る機会を提供するものだ。

奴隷制は人類の歴史の最初から存在してきたが、だからといって、それが不可避というわけではない。もし私たちが集団で行動を起こせば、歴史の流れを変え、奴隷制に終止符を打てるかもしれない。

私が最初に個人として目に見えるアクションを行った記憶は、「トラスト・ウィメン・カンファレンス」（現在の「トラスト・カンファレンス」）と結びついている。現代奴隷問題に光を当て、法の支配を女性の権利の後ろ盾とするために、私自身が生みの親として２０１２年に始めたイベントだ。

それは２０１３年12月のある寒い日、ロンドン市内で開かれた第２回カンファレンスでの出来事だった。ネパール人男性ディーペンドラが、聴衆を前に、カタールでの事務職の約束を通して、自身がいかに奴隷状態へと引きずり込まれたかを話し終えたところだった。ドーハに着くやいなやパスポートを取り上げられたディーペンドラは、劣悪な条件下での労働を強いられ、逃げる自由も奪われていた。それでも彼は運が良かった——２年半後に脱出することができたのだから。

私が出会ったときのディーペンドラは、まだ、中東のある首長国で働いていた。すでに奴隷ではなかったが、借金返済のために低賃金の仕事に就いていた。カタールでの〝仕事〟を紹介したリクルーターへの支払いと、カトマンズからの航空運賃のために借りたローンを返済し終えるまで、いったいあとどれぐらいかかるのか見当すらついていなかった。ローンの利率は60％。これはいわゆる「債務労働」もしくは「債務奴隷」だ。強制労働、性奴隷のどちらの場合でも起きており、世界中で何百万もの人々が債務労働のせいで自由を奪われている。生まれながらに債務労働を受け継ぐ人さえいる。親が借金を返せないからだ。

ディーペンドラが登壇したパネルディスカッションの終了直後、その場にいた見知らぬ女性が——口調が柔らかく丁寧で優雅な、60代初めの背の高いご婦人が——私のところに来て、彼の借金を肩代わりしたいと申し出た。「彼はそんな申し出を受けてくれるでしょうか？」女性は匿名を希望しているので、ここでは仮にMさんと呼ぶことにする。

ディーペンドラに話してみると、もちろん喜んでお会いしたいと言う。私たちは小部屋に入った。そこで私はいまだかつて見たことのない寛大な行為を目撃した。見ず知らずの他人が、別の人間の人生、そしてその家族全体の人生を変えてしまったのだ。

Mさんは訊ねた。「あなたの借金はいくらですか？」

「4000ドルです」とディーペンドラは答えた。彼にとってそれは、特に利息が常に累積していくことを考えれば、返済に何年もかかるほどの大金だった。けれどもカンファレンスの参加者のほとんどにとり4000ドルはさほどの金額ではなく、おそらく多くが彼の返済を支援できただろう。

「あなたに1万ドル差し上げますから、それで家族の元に帰って、ネパールでご自分の事業を始めたらいいでしょう」とMさんは言った。

ディーペンドラは歓喜にあふれ、他のネパール人の男性や女性が人身取引業者の餌食にならないように、慈善団体を立ち上げるのが夢だったんですと語った。

私は初めて、この最も恐ろしい人道犯罪の被害者の生活向上に貢献できたことを実感した。寛大なMさんのおかげで、ディーペンドラの人生を根本から変えることができたのが心から嬉しかった。私はすぐに彼の帰りの便を変更した。2日後、彼はカトマンズの妻と娘たちのもとに、自由の身となって戻っていった。

何年もの活動を経てますます私に突き刺さってきた事実は、人身取引の加害者は、奴隷にする相手のことを、あえて、人ではなくモノ、あるいは動物として見るようにしているということだ。そうすれば良心の呵責を感じずに拷問できる。

反人身取引の活動とは、この非人間化を頑として拒むことだ。奴隷にされた人々も私たちと変わらぬ人間であり、同じものを必要とし、同じように恐れ、同じように希望を抱く。本書の中で私は、奴隷生活から生還したすばらしい人々の物語を伝えていく。ジェニファー・ケンプトン、ディーペンドラ・ジリ、マルセーラ・ロアイサの3人だ。3人は、人が最も脆弱なとき、なにが起こりうるのかを示してくれる。3人とも奴隷状態から抜け出せたが、加害者のうち、起訴されたり収監されたりした者はただの一人もいない。

「女ども3人を助けてやっただけさ」本書に登場するある人身取引加害者は言う。3人の女性たちを支配し、痛めつけ、人間からモノにした。だが、彼は決して、女性たちを助けてなどいない。

第1章 現代奴隷とは誰のことか

では、現代奴隷とはいったいどんな人たちなのだろうか。現代の奴隷は昔のように鎖につながれてはいない。私たちのすぐそばを歩いているかもしれない。もしかしたら、たとえばあなたが一般的なホテルで状況を知らずにチップを渡した相手かもしれないし、私たちが身に着ける服やアクセサリーを作った人かもしれないし、飛行機で隣に座った人かもしれない。私たちと見かけは変わらない、ただ住んでいる宇宙がまったく違う人々なのだ。

この道の専門家が認めている定義では、奴隷とは、騙しあるいは暴力の脅しによって労働を強制されている人であり、最低限の生活さえままならないほど賃金が低い。古代の奴隷と現代奴隷の最大の違いは、前者がほぼ常に一生奴隷のままであるのに対し、現代奴隷は数年あるいは数カ月間囚われた後に捨てられることだ。この大量消費時代、奴隷とは、その能力にのみ価値がある。もはや使い物にならなくなったとき――たとえば病気になったり仕事中にケガをしたりしたとき――には、彼らは捨てられ、奴隷生活同様に残酷で苦しい未知の状態に放り出される。

今日の奴隷制は、成長著しいグローバル産業だ。人類史上これほど多くの奴隷がいた時代はない。推計値は異なるものの、大人子ども合わせて1億人以上の奴隷がいてもおかしくないとされている。巨大で目に見えず、永遠に進化し続ける惨劇であり、それでいて確実なデータを集めることが難しい分野だ。

目に見えず、音も聴こえない犯罪

2017年、国際労働機関（ILO）とウォークフリー財団〔現在は「ウォークフリー」としてミンデルー財団の傘下にある〕が、世界中に4030万人の奴隷がいるという控えめな推計値を発表した〔2022年9月発表の報告書では「5000万人」に更新された〕。奴隷の人口を国や州に当てはめれば、アルジェリアや米カリフォルニア州と同じになる。この4030万という数字は入手可能なデータを元に計算されているが、多くの専門家が、実際にはもっと多いだろうと口をそろえる。残念ながらこれ以上の良い情報がない以上、現時点では最も正確に近い数字であり、少なくともこれが、ILOの以前の推計値2090万人より実数に近いことだけは確かだ。しかしこの問題との闘いにおいては、正確なデータの欠如から、真にそして常に、困難を突き付けられる。

優れた専門家たちは奴隷の3割が性的目的の人身取引であり、7割が強制労働目的だと推測しているが、当然ながらこの比率は国によって違ってくる。今のところ、強制労働は性的人身取引以上に可視化されていない。後者は近年、メディアや行政の注目を集めるようになっている。国によっては、検察が性的人身取引のケースを多く取り扱うようになった一方で、強制労働の事例を立件するのに苦心している。

大きな問題は単純に、人々が強制労働のことを理解していないことだ――私たちが購入する多くのブランドのサプライチェーンや、世界中の国での洗車、ネイルサロン、ホテルなどのサービス業に強制労働が存在する、ということを。検察は、人身取引業者が、騙し、強要、または暴力の脅しなどを使って誰かを働かせ、しかもギリギリの生活費以上に賃金を支払っていないことを立証しなければならない。

そのせいで検察は、人身取引よりもマネーロンダリングや脱税の犯罪者たちを追いかけたがる。量刑が同程度なので、立件が容易な犯罪の方に力を注ぐ。問題は、このやり方ではいつまで経っても、信頼できるデータが集まらないということだ。

正しい数字を得ることは、政府、企業、メディア、一般市民がこの恐ろしい犯罪の真の規模を知り、どこでどのように闘うべきかを理解するためにも、きわめて重要だ。また正確なデータによって、私たちが前進しているのか、あるいは状況が悪化しているのか、を見極めることができる。

インドで何千人もの子どもたちを奴隷労働から救出し、二つの保護・支援施設を運営しているノーベル平和賞受賞者カイラシュ・サティャルティが、私に最近語ってくれたことがある。彼は、今日インドには奴隷にされている子どもが3000万人いるのではないかと考えているという——公式な推計値より劇的に高い数字だ。彼のチームは、もしかしたらそれよりさらに多いかもしれないと推測している。インドで奴隷として働かされている子どもの数がそれだけいるとしたら、同様に囚われている大人の数はいったいどうなるか想像してみてほしい。人口13億のかの国は最大人数の奴隷を擁する国であり、中国がその次に来る。

残念なことに奴隷制はとても簡単にはびこる。搾取する側にとっては状況が有利に働き、被害者にとっては不利に傾く。奴隷制は目に見えず、音も聴こえない犯罪だ。

奴隷たちは助けを求めて叫ぶことができない。虐待され、殴られ、拷問されたうえで、服従を強いられるからだ。煙草による火傷や筆舌に尽くせぬ方法で焼き印をつけられたサバイバーに、私は数え切れぬほど出会ってきた。決して忘れられないのは、カイラシュの施設で15歳のインドの少年が話してくれた、ニューデリーの搾取工場での話だ。雇い主が好んだ体罰は、子どもを扇風機にくくりつけて旋回させ、言うことをきかせる方法だった。相手を完全服従させるために取られる手段の残酷さは、想像を絶するものだ。

多くの場合、奴隷は自分が奴隷であることすら知らない。2017年5月にラージャスターンにあるカイラシュの施設を訪れたとき、そこで出会った子どもたちは皆、働いた分のお金は親に送金されており、自分は家族の生計を助けているのだと思い込んでいた。だが事実は違っていた。

たとえ運よく奴隷労働の地獄から抜け出せたとしても、サバイバーはまた別の地獄に陥るリスクを抱えている。何年もの虐待の末に、尊厳も自信も他人への信頼も失ってしまっている。彼らは非常に脆弱であり、適切な支援が得られなければ、早晩再び人身取引される恐れがある。奴隷状態を乗り越えて、新たな生活を始めるのは難しい。たとえ奴隷にされていた期間が比較的短かったとしても、だ。多くのサバイバーたちは、他の元奴隷とともに過ごしたときに、初めて安心を感じ始めることができる。経験を共有し、信頼を抱くことができる相手だからだ。

完全な自由に至る道は長く、痛みを伴う。あまりにも多くの粉々に砕かれた心を再生させるには、多くの心理的作業を要する。残念ながら世界中を探しても、サバイバー特有のニーズを理解している心理学者はそう多くない。人身取引被害者を治療した経験を持つ人が言うには、サバイバーは、過去に身に起きたこととまったく同じ物事に対して脆《もろ》くあり続けるという。

東欧からのサバイバー事情に詳しいロンドンのヘレン・バンバー財団の精神科医コーネリウス・カトーナが解説する。「ドメスティック・バイオレンス（DV）と同じで、彼らは自分の身に起きたことは相応あるいは不可避だと感じているのです。そのため自尊心も自己肯定感もなくしてしまう。自分を赦し、思いやることもやめてしまうのです。彼らは思いやりを学ぶ必要があり、われわれは集団療法を行います。もし他人が自分に思いやりを示すなら、自分自身への思いやりを持つことも少し楽になり、罪悪感も和らぐのです」

カイラシュ・サティヤルティの話では、最近救出した二人の子どもは、施設の他の子どもたちと交わることができなかったという。施設に来てから2週間が経っても隅の方に黙って座っている。一方がもう一方に向かってこう言った。「どうしてここの人たちはこんなに優しいんだろう？　ぼくの目が欲しいのかな、それとも腎臓かな？」二人には、優しさというものの概念すら、想像できなかったのだ。

ローリスク、ハイリターン

私たちは、奴隷状態から抜け出したサバイバーたちを助けなくてはいけない。彼らにはセラピーが必要であり、多くが依存症の治療を必要としている。大半が失われた教育の機会を必要とし、権利回復と損害賠償のために闘ってくれる弁護士も必要だ。サバイバーのネットワークをすべての国で作る必要もある。奴隷制はアフリカやアジア全土のみならず、アメリカ、イギリス、フランス、イタリアなど世界中の国で存在しているからだ。

けれども、サバイバーは被害者ではない。私に言わせれば、彼らは最も強い人間だ。この世の地獄、自分を奴隷にした者たちの虐待を生き延び、しかもそれに抗って脱出する、精神的強さを備えている。サバイバーは驚くべき強靭性と柔軟性を備え、それらの資質で自らの人生を立て直すことができる。もちろん、誰もがそうであるように、少しばかりの幸運と助けは必要だ。

多くの被害者が奴隷労働に誘い込まれるきっかけは、「仕事があるよ」という単純な一言だ。ノッティンガム大学で現代奴隷制を教え、現代奴隷に関する多くの著書があるこの分野の世界的権威、ケヴィン・ベイルズ教授によれば、貧窮し、自分と家族を養うのに必死な人々にとり、これは魔法の言葉だ。どんな仕事であれ、なんとしてでも手に入れたいのだから。

奴隷制は男性も女性も苦しめるが、女性の体の性質上、女性には搾取の範囲が上積みされる。主人によって妊娠させられたら、自分の子宮をも差し出すよう強いられる。そして子どもは売られ、捨てられ、操られ、あるいは「人体の部品」として切り刻まれて、ありとあらゆる臓器取引市場へと売られることになる、とケヴィン・ベイルズは言う。子どもたちはまた人身取引加害者にとり、女性を支配下に置くための手段にもなる。子育てには〝父親〟の支えが必要だからだ。

強制労働と性的人身取引には大きな共通項があり、どちらにおいても、支配される側は、裏切られたという気持ちと絶望を感じている。性的人身取引同様、強制労働の被害者の多くもまた、服従の手段として強姦される。たとえば男性たちが何カ月も続けて漁を強要されるタイの漁船においても、強姦はよくある特徴だ。

奴隷制は巨額の利益をもたらす。ILOは年商1500億ドルとしているが、多くの専門家はおそらく1兆ドルに迫るのではないかと考えている。非常に高い利益が見込めるビジネスモデルでありながら、リスクは非常に低い。今の〝商品〟が病気や疲労で利益を見込めなくなったら、奴隷所有者は簡単に奴隷を放り出し、新しい奴隷を見つけることができる。今日、奴隷の値段はとても低く、平均価格は90ドル。ちなみに歴史学者によれば、19世紀のアメリカにおいて、奴隷は1人あたり現代の貨幣価値で4万ドルの値がつけられていた。

組織犯罪は隆盛を極めている。訴追されることは稀《まれ》で、人身取引加害者はほぼ全員、処罰を免れる。2016年、世界中で報告された有罪判決数はたったの9071件だった。ローリスク・ハイリターン——それこそが、ビジネス成功の秘訣なのだ。

第2章 最も卑劣な犯罪——人身取引というビジネスモデル

私がジェニファー・ケンプトンと直接会ったのは、2017年の4月。それまで2年にわたり、大西洋をはさんで何度か長電話をした後のことだ。35歳の彼女は、どこか粗削りな美しさを持つ女性だった。白い肌、赤褐色の髪、恨みの片鱗も見せぬ繊細な唇、深い眼差し、スポーツジム用のウェアに包まれた象牙のような体……。その態度は直截《ちょくせつ》的でありながら、とても優しかった。右の首筋には巨大な花のタトゥーが彫り込まれていた。

ジェニファーの物語はとても感動的だったが、私が胸を打たれたのは、彼女の強さと知性だ。この二つの特徴が組み合わさったからこそ、彼女が6年にも及んだ監禁、殴打、強姦、肌を焼く煙草の火、体の別の部位に彫られた奴隷所有者の名前、そしてクラックとヘロインの依存症から生き延びたことは、疑いようがなかった。強さと知性があったからこそ、最終的に脱出することができた。

自由の身になって1年も経たぬうちに、ジェニファーは自ら、NGO「サバイバーズ・インク」〔この団体名の「インク」は法人を示すInc.ではなく、墨を意味するInkと綴る。タトゥーの墨とかけたネーミングだと思われる〕を立ち上げた。だが、常に自分より他者のことを第一に考える彼女は、他の元奴隷たちを支援する一方で、自身はまだ恐ろしいトラウマに苦しんでいた。

2017年4月、ワシントンDCで行われたトラスト・カンファレンスにおいて、ジェニファーはパネリストの一人だった。討論の中でも圧倒的な存在感を放ち、その情熱と明瞭さで瞬く間に聴衆の注目と尊敬と真心をわしづかみにした。彼女の言葉はその場にいる全員の心の琴線に触れた。

私は心からジェニファーに敬服していた。その自己表現の仕方、自分の身に起きたことについての明晰な分析、回復のためにくぐり抜けなければならなかった苦しい作業、他のサバイバーへの支援の幅広さ、未来に向けて描くすべてのビジョン――。ジェニファーが創設した団体は、規模と活動範囲の両面で急速に拡大していた。

しかも、人身取引加害者の手から脱出して、まだ4年しか経っていないのだ！　彼女はもっともっと大きなことを成しえるだろうと私は確信した。

初対面のその日、私たちの会話は4時間にも及んだ。ジェニファーはすべてを話すと決めていた。自分が話をすることで、他の人が人身取引の被害に遭わずに済むのではないかという思いからだ。

ここからはジェニファー自身の言葉で語ってもらうことにしよう。

「二人のために稼いでくれないか？」

厳密に言うと、私が人身取引されたのは25歳になってからのことです。けれども今思えば、赤ん坊のときに性的ないたずらをされ、子ども時代に虐待され、12歳で強姦されたときから、それはすでに始まっていました。

恐怖が絶えず、助けも得られず、トラウマは放置され……それが積もり積もって、やがて私の脆さがピークに達したことで、恋人に奴隷にされる余地が生まれてしまったのだと思います。

セイレムと出会ったのは、子どもの父親と別れた後でした。セイレムはただ私の人生に現れて、私をまるで女王様のように扱ってくれました。金銭的というより、精神的な意味で。「愛してるよ」「君こそすべてなんだ」「ずっと一緒にいたい」「君を決して傷つけたりしない」など、私が喉から手が出るほど欲しくてたまらなかった言葉をかけてくれました。家庭内での暴力的な関係、トラウマと虐待に満ちた生活が続いた後で、私はそんな彼の言葉に必死でしがみつきました。心の隙間を埋めたくて、彼に依存させられていきました。

「グルーミング」の期間は、おそらく9カ月から1年ぐらいだったと思います。何カ月かデートして、それから彼の家に移り、数カ月間同棲しました。子どもと一緒に彼と住んでいたんです。生活に必要なものは、彼がすべて与えてくれました。

そのあいだにセイレムは私を、ヘロインなど強い薬物の依存症にさせました。出会った頃には私もコカインとマリファナを吸っていたので、そこから移行するのは大して難しくありませんでした。別の麻薬を紹介されて怖くなったけれど、彼がやっている薬だし、愛する彼に、私を受け入れてほしかった。彼の世界の一部になりたかったのです。セイレムは以前からヘロインをやっていて、私は知りませんでしたが、かなり前からだったようです。

私の腕に初めて注射器を刺した後、数日経ってからセイレムが来て言いました。「さあ、どちらか選ぶんだ——君がずっとやってた薬か、それともこっちの薬か」。まるで「俺と一緒に来るのか、来ないのか?」と言われているように思えました。そして私は、このとんでもなく恐ろしい麻薬の方を選んだのです。彼を選びたかったから。彼を引き留めたかったから……。

何カ月か経ったある日、セイレムが言いました。「君をすごく愛してる。だから怖い。俺たちはすべてを失いかけてる。家が取り上げられそうなんだ。どうしたらいいかわからない。なあ、これまで俺が君と子どもを養ってきたよな。君は俺と一緒にいたいんだろう? 本当に愛してるんだろう? だったら一歩踏み出して、俺たちのために稼いでくれないか?」

その時までのキラキラした、まるで虹のような素敵な気持ちは、一瞬にして変わりました。私は子どもを母に預けました。彼が提案した私の稼ぎ方は、まずストリップクラブから始まりました。

二人分の薬物と、寝泊まりするホテル代を稼がなければなりませんでした。家を明け渡さなければならなかったからです。もし十分に稼ぎを持って帰れなければ、彼の気持ちは遠のいて、私が心の底から欲している愛の仕草や言葉がもらえなくなってしまう。麻薬も与えられず、禁断症状に苦しめられることになる——。

セイレムの母親はさほど遠くない場所に住んでいて、彼は時々母親の家に泊まりにいきました。彼が欲しいものすべてに加えてホテル代まで出せるだけの稼ぎを私が持ち帰れないとき、私だけ外で段ボールにくるまって寝る夜もありました。数カ月間、私はできる限りのお金を稼ぎました。稼げば稼ぐだけ、セイレムはこちらを見てくれました。私はまだ恋の虜でした。

今なら、心理的に操られていたんだとわかります。でも当時はわからなかった。この男が、私が狂おしく欲していた理想の恋人関係という夢を与え、私を飼い慣らしていたという事実が、まったく見えていなかったのです。そして突然態度を豹変させて私を搾取し始めたというのに、そのことに気づきもしませんでした。けれどもその時点ではまだ、身体的な暴力を受けてはいませんでした。

必死に、できる限りのお金を稼ぎましたが、セイレムにとっては十分ではありませんでした。彼は別の女性を連れてきました。この人もやはり薬物依存症でしたが、家や車を持っていて、いつもショッピングに出かけていました。つまり彼女は何か「まともなこと」をやっているんだろうと私は考えたのです。

二人は私に向かって、「クレイグスリスト」〔募集広告掲示板のサイト〕にマッサージの広告を載せることがいかに魅力的かを吹き込みました。「ただのマッサージだよ。ちょっとセクシーなブラとパンティを着けるだけで、余分にお金がもらえる。でもそれ以外は普通にマッサージをするだけ。ピンヒールで一晩中踊って200〜300ドルより、1時間で300、400、500、600、700ドル、稼げるわけだからね」

私にとってそれは、恋人に麻薬を買うためのお金をもっとたくさん渡せるというだけでなく、彼をさらに喜ばせることができるということを意味していました。彼はもっと私を愛してくれるはず。そしてもっと長く一緒にいられる。そのうえ、この女の人は私たちに住む場所も提供すると言っている。もう宿を求めて外をうろつく必要もないのです。それから彼女は私たちを自宅に迎え入れ、数週間、麻薬も部屋も寝床も服も、私たちが欲しいもの、必要なものを、すべて与えてくれたのです。

そしてついにマッサージの広告を出す時が来ました。彼女は写真を撮りながら言いました。「これを着てこういうポーズをして、セクシーな視線を投げるの。そしたらもっと稼げる。広告ではどんな言葉を使えばいいか私が知ってるから、任せてちょうだい。客を選ぶ必要があるから、電話も私が受けます。あなたの安全を守らなくちゃ。変人とか変態が来たら困るでしょう？　あなたが大丈夫なように、ちゃんと面倒を見てあげる」

女性が私たちの面倒を見てくれていたので、自分の問題への解決方法はこれなんだ、と私は思い込んでいました。彼女は広告を出し、その後、私を最初の客のもとに連れていく車の中でこう切り出しました。「ああそうそう、私のお金を稼いでくるために、こうしてね」。ちょっと待って、あなたのお金ですって？「そうよ、あなたたち二人のためにここ2週間私がしてあげたすべてのことについて、お金で返してもらわなくちゃ。車の中で待ってるから、私のお金を持って戻ってくるのよ。ところでこのお客はね、私の顔見知り。私のお客さまだから、おかしな真似はするんじゃないよ」

ほかに選択肢があるとは思えませんでした。麻薬に依存していただけでなく恋人にも依存していたし、それに（健康）保険にも入っていませんでした。薬物依存症で治療施設にかかる必要があっても、保険に入っていない人にとっては、助けとなるものはほとんどありません。何もないのです。たとえ私が望んだとしても、助けを求めることなどできませんでした。いったい何ができたでしょうか。家族だって――もはや絆はとうに切れていて、私からの電話さえ取ってはくれないでしょう。私には頼れる人は誰もいませんでした。

女は車の中で待っている、私は彼女に借金している、もし払わなかったらどうなるかわからない。それに相手の男はこの女の知り合いだから、警察を呼ぶこともできない。その時点で、私にはほかの選択肢はないのだと思いました。その状況で別の選択をするという認知能力がなかった、と言ってもいいかもしれない。吐き気をこらえながら、私はその最初の仕事をこなしました。でも男はきちんと額を支払わず、彼女は怒って私たち二人を家から追い出しました。

深みにはまり込む

それからセイレムが私をコロンバスの西の地区に連れていき、それ以来、車の中に入ったり出たりを始めました。エスコートサービスの3分の1から10分の1しか稼げず、その分、多く働かないといけませんでした。そのころクラック・コカインを使い始めたんです。それだけのお金を稼ぐ必要があり、目を覚まして活動し続けなくてはなりませんでした。

ある日、私はセイレムが手配した車ではなく間違った車に乗ってしまい、薬を飲まされました。目が覚めるとホテルの一室で、携帯電話はなくなっていました。どこの町にいるのかさえわからず、ほぼずっと裸の状態でした。部屋には3人の男がいて、全員が私を強姦し、銃で脅し終わった頃、買春客たちがドアを叩きました。1週間半ほどのあいだに、男たちは私を使ってありったけの荒稼ぎをしたのです。

人身取引加害者の中には女性を移動させ続ける連中がいます。その地域の常連客が「ニュー・フレーバー」を求めるからです。新しい女の子はその土地の古株の子たちより多く稼げる。だから奴らは私をオハイオ州アクロンからシンシナティに連れていこうとしました。

私がなんとか生き延びることができたのは適応能力があったからだと思っています。私は操られていましたが、私自身も相手を操ることができました。シンシナティに行く前にコロンバスに服を買いに行きたいと頼み、こう言って説得したんです。「ねえ、私いつだって言うことをきいてるでしょ。シンシナティに行くことも、かまわない。でも、もう少し良い服を着られたら、もっともっと稼げると思う。私がもっと可愛くなったら、もっと儲けられるはずよね」

彼らは承諾しました。私への脅しは十分だとわかっていたのです。相手は3人、車の中にはピストル。私が逃げ出す恐れなど、ほとんどありません。アクロンからシンシナティに向かう途中で、コロンバスに寄りました。私はすでに計画を立てていました。セイレムの家から2軒先に車が停まったとき、私は飛び出して走りました。たとえ後ろから撃たれてもかまわない。それほどまでに彼が必要だった。彼のもとに戻らなければ。それ以外はどうでもよかったのです。

セイレムがちょうどアパートのドアから出てきたので、私は駆け寄って泣きつきました。「薬を盛られたの、目が覚めたら知らない町にいて、奴らに売られた。酷い目に遭ったの」ところが彼は私の横つらを張り、髪を引っ張って家の中に引きずり入れました。警察を呼んではくれませんでした。そのとき私は、何かしなければ、あの連中が何をしでかすかわからないと思ったのです。自分で警察を呼ばなくちゃ。

警察を呼ぶと、警察が救急車も呼んでくれました。病院にも行きました。レイプキット（証拠採取キット）が使われ、私は妊娠していることがわかりました。

ちなみに、あの3人はその後シンシナティに行き、14歳の少女を誘拐してコロンバスまで連れてきて売りました。リーダー格の男は逮捕され、未成年に売春を強要した罪で懲役4年になっています。50代後半か60代前半のＨＩＶ陽性者でした。その少女を強姦したのに、強姦の罪には問われませんでした。

私は薬物をやめられず、セイレムのために働かなくてはなりませんでした。私が薬を減らそうと努力している目の前で、彼はまだ薬をやっていました。私には、助けを得るのに必要なものが何もありませんでした。どこにも行く場所はなく、どうすればいいかわからず、手詰まり状態でした。ますます依存症の深みに、絶望の深みにはまりこんでいきました。

おなかが大きくなるにつれ、稼いでこれる金額が減っていきます。ある日彼は文字通り、私を道に歩かせて、低俗な路上の売人たちに売ったのです。今度は彼らのために働かなくてはなりませんでした。セイレムはこう言いました。「今はこれ以外に思いつかない。君を愛しているけど、生活は苦しくなる一方だ。こんなことしたくないけれど、でもまだ君とは会える。通りをちょっと行った先だから、これからも会えるよ。あの連中も君と君の赤ん坊の面倒をよく見てくれるはずだ」

本当に、ばかばかしいほどに洗脳されていた私は、彼が言うことはもっともだと思ってしまった。セイレムはその頃すでに、私に手をあげるようになっていました。心理的虐待のうえに身体的虐待が始まっていたのです。

路上売人たちは少量の薬物を私の鼻先にぶらさげて、私が従順に彼らに依存し、働き続けるよう仕向けました。でもほんの少しの特権を得るにも、決まった額の金を持ち帰らなくてはなりませんでした。

2011年1月のことでした。ある晩、私にはまだ、帰って休むための十分な稼ぎがありませんでした。臨月だったのに、1週間ぐらいずっと外で過ごしていました。体調は良くありませんでした。夜遅くにバス停にいたら、ある男がやってきて言いました。

「うちに来て暖まるかい？」彼の家までついていって、ソファに腰を下ろしたとたん、私は眠ってしまいました。疲労困憊だったのです。目が覚めると真っ裸でした。この男が何をしようとしていたのかわかりません。わかったのは、そこから出ようとしたときに破水したということ。男の家の床で出産している最中、赤ちゃんを自分で引っ張り出そうとしている最中のどこかの時点で、男が救急車を呼びました。

赤ちゃんを自分の胸に引っ張り上げたことを覚えています。そしてようやく救急車が来たとき、赤ちゃんをアルミホイル状の毛布に包んでくれたことを覚えています。私は気を失ったり覚めたりを繰り返していました。疲労だけでなく、薬のせいもあり、自分一人で出産したせいでもありました。救急車の中で何度も気付け薬を嗅がされ起こされました。病院ではあまりに血圧が高かったので医療的に昏睡状態にさせられました。けれどももっと重要なのは、残念なことに子どもが集中治療室に入れられたことでした。ほんの4ポンド強（1800グラム）しかなく、酷い麻薬中毒で、アプガースコアはゼロでした。医者から、私が本能的に赤ちゃんを胸に乗せたのが良かったと言われました。おそらくそのおかげで命がつながったのです。それで、よかった、赤ちゃんが生き延びた、とても感謝したい気持ちになったけれど、医療的な昏睡状態から目が覚めたとき、私には決してこの子をそばで世話することはできないということがわかっていました。

自分自身のことさえ面倒を見られないというのに、子どもの面倒を見るなど、とうてい無理。この赤ん坊と絆を築いてしまったら、自分の墓穴を掘るようなものだとわかっていました。娘を手元には置いておけない――自分の傷穴を広げるようなものだから。ほんの数分間だけ、わが子の顔を見に行きました。そこが耐えられるギリギリで、胸が張り裂けそうでした。それから医者の忠告に反して、病院から立ち去ったのです。そして人生のその瞬間に自分ができる唯一のことをやりました。一服してハイになったんです。そうすることでしか、痛みを抑えることができず、まるで自分の中身が死んでいるように感じました。

解放

私が出産したことを知った男たちは、私がどうせそんなに稼げないとわかっていたのでしょう、解放してくれました。

さて、そこで私はどこへ行ったかというと……彼氏の元に舞い戻ったんです。けれども今回ばかりは様子が違いました。私の王子様は、いまや私の看守でした。それに、すべての裏切りにも気づき、私は怒りました。なので、いまだに依存はしていたものの、彼に殴られたら、食ってかかった。薬物依存に暴力……もう惨憺たる状況でした。そして彼は、これまでで最も酷い仕打ちをしました。私を追い出し、コロンバスで一番暴力的なギャング組織に売ったのです。それは一時的ではなく、最終的な取引でした。

あまりに恐ろしいことでした。街の低俗なチンピラや路上の密売人と似たようなものではあっても、何倍も強力で何倍も暴力的です。奴らのクラックやヘロインは高品質で、与えられる量は少ないけれど、より高額な料金を要求されます。トイレやシャワーを使うにも、大金を支払わねばなりません。もし地下室の排水口で用を足そうとするところを見つかったりしたら、どんな仕打ちが待っているかわかりません。

2013年4月16日のこと。私の稼ぎは足りていませんでした。麻薬でふらふらで、疲れ切っていました。そこにある男が現れたのです。私たちには、徒歩で来るような男を客には取らないというルールがありました。車を持ってる男は金を持ってる。歩いてくるような男は金を持ってないし、ろくな輩はいない。ですが、この男は大金を持っていて、私に現金を見せてきました。男は美形でカリスマ的で、話し好きで、私はついルールを破ってしまいました。私は半分病気になりかけでしたが、これできっと良くなり、少し眠れるだろう、と思いました。

二人で廃屋に入り、ドアが閉まる音がして後ろを振り向きました。そこにいたのは別人でした。いや別人ではないけれど、まるで違う男でした。悪魔の顔、そして肉切り包丁の煌《きら》めき。なのに私の頭に最初に浮かんだのは「なるほど。早く片付けようじゃないの」という考えでした。

その仕事でさんざん強姦されてきたから、そういう反応になったのでしょう。性行為を強いられている最中に、頭の後ろに弾の入った拳銃を突き付けられたこともあった。走行中の車から蹴り出されたこともあった。半殺しになるまで殴られて下水溝に横たわったこともあった。日常的に強姦を買いに来る客だけでなく、本物の強姦魔もいました。だから、「早く片付けて終わりにしよう」と考えたのです。

しかしその男は想像を絶する変態で、病的で気持ち悪い人間でした。私にやらせ、私に対して行った変態行為は酷いものでした。詳しいことは省きますが、私は男の上で嘔吐しました。性器で私の喉を塞ぎ、私が苦しくて離そうとすると顔や頭を殴るのです。私が悲鳴を上げたり身動きするたびに、顔や上半身に思い切りパンチが飛んできました。外では人々が歩きながらしゃべったり笑ったりしている声が聞こえているのに、私には何もできなかった。男は私を強姦し続け、私は血だらけになりました。

気が付くと、男が血だらけで腫れ上がった私の体を床から起こそうとしていました。二人で階下へ降り、私はショーツとブラを着けました。男が建物を出た後、私は距離を置くために少しのあいだ待って、それから自分も外へ出ました。

男がまだ通りを歩いているのが見えました。私が外に出たのと同時に、3人の男が車から降りて自分たちの家に入っていきました。私は殴られすぎてどんな人種の人間かさえ見分けがつかないほどの外見で、ヴァギナからは出血し、助けを求めて叫んでいました。けれどもここでは地元の娼婦だと知られていたので、彼らはただ、私が金を取りっぱぐれて怒っていると思ったようです。これまでも何度も、強姦されて警察に助けを求めたときも、相手はただ笑って、おい、なんで怒ってんだ？ 奴が金を払わなかったか？と言うだけでした。そのときも同じです。3人の男はただ私を嘲笑し、警察を呼んでやるよと言って立ち去り、ドアを閉めて鍵をかけました。

鍵をかけられ締め出される音、それは私の脳内に何度も何度も響いている音です。私は社会から締め出されている。助けを求める価値のある者という範疇から締め出されている。普通の人間として見られることから締め出されている。ひとりの人間としてでさえ。

私は人身取引業者のところに戻ることにして、ドアを叩きました。男たちは一晩出払っていて、その連れの女たちがその場を仕切っていました。どこにいたのかと訊かれ、私は涙と麻薬中毒でぐしゃぐしゃになりながら何があったかを訴えました。私はあまりに取り乱していました。2時間半、残酷に強姦され、殴られ、血を流していました。私の望みはただひとつ、感覚を麻痺させるために、10ドル分の麻薬をつけで譲ってほしい、と頼みました。それ以外、なすすべを知らなかったのです。すると一人がペーパータオルを3枚渡して言いました。「地下に行って体を拭きな。それから外で稼いでくるんだね。そうしたら望むものが手に入るよ」。これまでに彼女たちのために何十万ドルも持ってきてやったのに、私が痛みを和らげるためにたったたの10ドル分の薬を必要としているときに、受け取ったのは、それだけでした。

私は地下室に下りました。バケツを持って、電灯もないような地下の隅に行きました。ロープを見つけて自分の首に2回巻きつけました。もうこれ以上耐えられなかった。ロープの先をバケツにくくりつけて梁から垂らし、バケツを蹴りました。

実際、あの暗く、くすぐったいような温かみに体中が包まれる感覚、虐待も強姦も中毒も惨めさも、すべてが足の裏から抜け出ていく感覚は、なかなかすばらしいものでした。あまりに心地よかった。私の人生において、それは今このときまでで唯一、痛みから解放された瞬間でした。その感覚の中に、私はゆったりと溶け込んでいったのです。

グルーミング

ジェニファーが人生で唯一良い心地になれたのは、まさに死にゆく瞬間だった。苦しみ抜き、底知れぬ絶望の沼に、引きずりこまれようとしていたからだ。彼女のような経験をする人は、自分のことを、世間が見るとおりに見てしまう……ひとりの人間としてではなく、価値のない薬物依存症の娼婦として。ジェニファーにとっては、死こそが解放だった。

私自身の人生はジェニファーとはかなり違うけれど、あの瞬間彼女が何を感じたのか想像することはできる。喘息の発作で死にかけた、あの過去の経験があるからだ。あの日、3日間の深い昏睡状態から目覚めた後、呼吸をする義務から解放されることを、私がどれほど望んだか。死の到来に安堵していた。けれども結局、死はやってこなかった。

そして、ジェニファーも死ななかった。彼女のストーリーには後の章で戻ってきたい。そこにはたくさんの教えが詰まっている——人間の残酷さの極みから生き延び、恐ろしい過去を克服し、他者を助けることについて。弱さ、そして勇気について。それから悲しいことに、依存症の再発について。

ジェニファーはまた、現代奴隷制のビジネスモデルについて多くを教えてくれた。麻薬のせいでどれほど能力が低下していても、周囲で何が起きているのかを常に観察する鋭さを失っていなかったのだ。

私が教えられた多くの事柄の一つが、「グルーミング」がどのように機能するのかということだった。相手が男性であれ女性であれ子どもであれ、脆弱な立場にある人間を特定するという人身取引加害者の手腕に始まり、時間をかけて相手の信頼を勝ち得ていくプロセス。性的人身取引において、これは最もよくある勧誘の手法だ。世界中のあらゆる国において、死に物狂いの人々が、支援を装って近づく人間の懐に取り込まれ、安心感に惑わされた挙句に、性的な仕事や強制労働へと売られていく。そんな物語がいったい幾度繰り返されてきたことか。

ヘレン・バンバー財団の医療ディレクター、コーネリウス・カトーナは、アルバニアの典型的なグルーミング手法をこう描写する。「1年間〝彼氏〟として付き合って、相手のことはすべて把握している。携帯番号も家族のことも……支配するのに必要な、すべてのことを」

イギリスの性的人身取引サバイバーの女性、セアラ（仮名）も、イングランドで似たようなグルーミングを受けた。グルーミングが始まったのは、彼女が里親制度の下で非常に弱い立場にあった10歳の頃、決まった家族や家庭生活というものを知らなかったときだった。奴隷商人たちは辣腕で、恐ろしく巧みだった。見かけは優しい男たち（後にギャングの一味だと判明する）はセアラに近づいて、スイーツや車での送迎や軽めのドラッグなどを与えた。里親が何日か続けて留守にするときには、この男たちが食事を与えた。セアラが悲しいときには贈り物を持ってきた。ギャングたちはとてもかいがいしく「彼女の面倒を見」て、友情と笑顔をふんだんに浴びせた。セアラは、愛されているという感覚、共同体に属しているという感覚を、人生で初めて味わった、と言う。それは彼女がずっと欲しくてたまらなかったものだった。

ところがセアラが12歳になったとき、加害者たちは、これまでに与えたすべてのものの代金を返せと要求してきた。彼らの計算では総額7万5000ポンドだという。セアラの友人や家族の写真をちらつかせ、もし誰かにこのことを話したら、友人も家族も射殺してやる、と脅した。

最初はセアラにドラッグの運び屋と密売人をやらせようとしたが、彼女があまりに怖がってうまくいかないとわかったので、今度は性奴隷になることを強要した。それからの7年間、セアラは毎日7人から16人の男とセックスすることを強いられた。

依存症につけこむ

そのほかにジェニファーが教えてくれたのは、人身取引加害者たちにとり、元被害者を再び餌食にするのは、とても魅力的なオプションだということだ。女性を再び強制売春に引きずりこむことができれば、それは新たに少女を（または少年を——彼らも同じように性的人身取引の被害に遭う可能性がある）グルーミングして働かせるよりも、何倍も手間が省けるからだ。そのため加害者たちは隙あらば、元奴隷を再び勧誘しようとする。

再勧誘が奏功する理由のひとつは、人身取引被害者の多くが、売春、麻薬所持、軽犯罪などの前科を持っていることだ。軽犯罪の原因は、人身取引加害者から十分な食料や衣服を与えられないこと。ジェニファーは下着を2セット万引きした罪に問われていた。下着を買う金すら、もらえなかったのだ。この窃盗の前科のせいで、ジェニファーは脱出し薬物依存の矯正を始めてからも、仕事に就くことができなかった。

当局から犯罪者や売春婦として扱われてしまうと、彼ら被害者は他に選択肢がないため、奴隷状態に逆戻りしてしまう可能性が高い。売春婦は皆が皆、自ら選んで売春をしているわけではなく、その多くが人身取引に遭いその仕事を強制されているのだということを、警察や裁判所が理解しはじめたのは、ごく最近のことだ。マンハッタン地方検事のサイラス・ヴァンスから聞いたのだが、彼も検事を務めて最初の20年間、女性たちは自分の意思で売春の仕事を選んでいると思っていたという。

被害者の大半がハードドラッグ〔中毒性があり健康を損なう危険性のある薬物〕の依存症であるという事実もまた、人身取引加害者にとっては再度支配力を得るのに都合がいい。実際、薬物依存というのは万国共通の勧誘テクニックだとも言える。ジェニファーの例を見ても、ヘロインとクラックへの依存こそが、彼女が奴隷状態に陥った大きな要因であり、また加害者の側が非常に意図的にそうさせていたということがわかる。薬物依存リハビリテーション施設から出たばかりの、どこに住み、どうやって金を稼げばいいのか途方に暮れているサバイバーたちは、加害者にしてみれば完璧な獲物なのだ。人身取引加害者は、治療施設や刑務所の外で、元被害者が出所してくるのを何時間でも待つ。〝助け〟の手を差し伸べるためだ。

奴隷状態という地獄を運よく抜け出すことができたとしても、被害者を待ち受けるのは、孤独、貧困、失業状態、そしてときにホームレス状態だ。国の援助が仮にあったとしてもほんの短期間で終わる。たとえばアメリカでは、最も良いケースでも、政府から提供されるシェルター保護と治療は最大でも45日間だ。それに加え、被害者の大半は心的外傷後ストレス障害（ＰＴＳＤ）を未治療のまま抱えている。奴隷化された人の心理について理解した上でなされる治療やリハビリプログラムが、現状ではほぼ皆無だからだ。

これらの状況はすなわち、被害者のＰＴＳＤがしばしば再発することを意味する。いくら頑張って薬物やアルコール依存から足を洗おうと努力しても、何かのきっかけで引き金が引かれれば、心の痛みを麻痺させたくなってしまう。そんなとき、適切な治療を受けていない限り、多くのサバイバーが知っている唯一の方法は麻薬なのだ。薬物依存が再発すると、以前と同じ街路で麻薬を購入し、結局、人身取引加害者の近くに舞い戻ることになる。加害者は、非常に脆弱になったサバイバーを、再度人身取引する機会を逃さない。

人身取引加害者の立場からすれば、そんな彼らの方が、勧誘したばかりの「新人」よりずっと操りやすい。ほんの1日か2日あれば、あるいは食料や宿やシャワーや麻薬を与えるという約束があれば、路上に戻るよう説得するのはたやすいことだ。しかも元被害者はすでにルーティンを飲み込んでいるし、さらにほとんどの場合、彼らは自分が価値ある人間とは思っていない。つまりいい金づるなのであり、自身も往々にして薬物依存症である加害者は、他人を支配するのに楽で簡単な方法を選ぶのだ。

サバイバーズ・インクのジェニファーの同僚たちの説明によれば、このことこそが、彼らが直面する大きな課題だという。たとえばオハイオ州にある薬物依存症治療施設を退院したサバイバーは、カリフォルニア州など何千マイルも離れた、人身取引加害者の手が及ばない場所の保護施設に送られる必要がある。NGOはこのために、全米でサバイバー・リーダーたちのネットワークを構築しようと考えている。この件については解決策の章で後述しようと思う。

巨額の利益を生む成長産業

性的人身取引は急速に成長している産業であり、その大きな理由は、オンラインで広告を載せ、そもそもの定義からして国境のないウェブサイトで人を売ることが、いともたやすくできることだ。

世界中の警察からあがってくる証拠によれば、犯罪者たちは今、麻薬取引から性的人身取引に移行しつつある、あるいは麻薬取引に性の取引を含めるようになっている。つかまるリスクがほとんどなく、しかも、とてつもなく儲かるからだ。ひとりの少女を日に何度も売ることができ、絶え間なく利益が手に入る。そのため、おそらくこの産業は、ILOの推計1500億ドルよりはるかに大規模であると考えられる。

たとえば、フランスの警察はフランス国内だけでオンラインセックス産業が30億ドル規模はあるだろうと推定しており、うち何%が奴隷労働によるのかは情報が少ないものの、かなりの割合になるだろうと考えられている。人口6600万人の国でそのようなサービスを使っているのはほんの一握りの人々だ。だがこの数字のほんの一部を平均額として世界中の国々に当てはめてみるなら、世界の人身取引産業が年間売上1500億ドルよりはるかに上回るであろうことは明白だ。

世界全体の利益額がいくらであろうと、痛々しくも明らかなのは、それが巨額であるということで、その理由も容易に想像がつく。どんなビジネスでも同じだが、人身取引においても収入の創出が鍵になる。金銭欲が駆動装置となって人身取引加害者たちを急き立て、奴隷にした者たちからより大きな利益を得ようとする。「腐敗」は潤滑油のようなもので、この産業はこれなくしては成り立たない——腐敗した警察官から無知な客室乗務員まで、そしてサプライチェーン上の強制労働から目を背けたいCEOから、世界のすべての国で奴隷労働を禁じる法律をきちんと執行しない司法制度まで……。金銭欲、腐敗、そして無知が、現代奴隷制の原動力なのだ。

正確なデータが不足していることも、人身取引加害者を助け、当然ながら、奴隷制と闘おうとする機関や個人の努力をくじく。このことから、三つの事柄が浮き彫りになる。

第1に、現在の世界の奴隷人口に関して、明らかになっているのはまだほんの氷山の一角であるということ。第2に、データが不足しているため、いくらこの課題に取り組んでも、前進しているのか後退しているのかすら測れないということ。またそのせいで、前線で活動する勇気あるNGOも、効果を示すのが難しいため、資金調達が非常に困難であるということ。第3に、奴隷制が非常によく組織された犯罪であり、対するわれわれの闘いはまるでバラバラだということだ。

サバイバーズ・インクの事務局長メアリー・フィッシャーが言うには、オハイオの人身取引加害者たちは、常に年間6桁(10万ドル単位)の利益を上げているという。経費は驚くほど少ない。生活費がほとんどかからない被害者がひっきりなしに供給されてくるからだ。少女と女性たちは地下室の床で寝泊まりする——しかも屋内に入れるためには路上で一定額以上を稼いで加害者たちに納めなければならず、その場合でも、シャワーすら浴びることが許されないという。

このシャワーについての詳細は些細なことのように思えるが、私は、ジェニファーを含む多くのサバイバーたちが語るのを繰り返し聞いた。彼女たちをさらに貶め、辱めるために、加害者たちは故意にそうやって、被害者たちが身ぎれいにする手段を断つ。世界のいたるところで、シェルターにたどり着いた被害女性の多くが最初に望むのは、シャワーを浴びることだという。

いい仕事の約束

性的人身取引と強制労働の両方において、高収入の仕事の約束もまた、よくある勧誘手法のひとつだ。たとえばミャンマーでは、男性たちがブローカーにタイでの材木伐採という高給職を紹介されるが、タイに着いたとたんに漁船に乗せられ、何カ月も海上で囚われの身となり、欧米の私たちが食べる魚を獲る漁に従事させられる。内陸の山岳地方出身者が多く、海の波を見るのも初めてのことで恐怖におののく。しかしそれは苦難の始まりにすぎない。すぐに気づかされるのは、一日16時間、何カ月も続けて無報酬で働かなければならないということだ。

2015年の大地震以来アジア最貧国となったネパールでは、親がわが子を、教育や賃金労働を約束された状況に送り出すことがある。だがそんな約束が本当であるためしはなく、子どもはカトマンズの売春宿に売られるか、ただ働きの家政婦としてインドに送られるか、建設現場の労働者として湾岸諸国に送られるかのいずれかだ。

インドでも同じことが起きている。ノーベル平和賞受賞者カイラシュ・サティヤルティとともに、ラージャスターンにある彼のアシュラム（僧院）で働いているアルパナ・ラワットという若い女性は、勧誘がどのようになされるのかを語ってくれた。「人身取引加害者は親たちに吹き込むんです。『私がお子さんを連れて行って、いい生活といい教育を与えましょう。ほんの少しばかり仕事をしてもらいますが、それであなた方にひと月2000ルピーを支払います』。親にはまったくお金が支払われないか、支払われたとしても最初の1〜2回です。子どもはデリーからとても遠くのビハールへ連れ去られます。親はそこまで行くことはできません。食べ物を買うお金すらないんですから」

よくあるケースとして、顔見知りで信用している人――家族の友人、叔父、叔母など――がブローカーとなり、そういう人によって奴隷として売られることがある。私の友人で、「私のヒーローたち」の章で再び登場してもらうエヴェリン・チュムボウは、人生の最初の9年間をカメルーンで両親とともに暮らした後、叔父によって、アメリカのある家庭に売られた。叔父は彼女の両親に、良い教育を受けさせアメリカでの夢のような生活を保証すると言い、「ほんの少しだけ家のことを手伝ってもらう」と告げた。叔父はエヴェリンに、その家庭の母親が、本当の母親代わりになってくれるだろうと言った。

それは嘘八百もいいところだった。エヴェリンは毎日、一日中働かされ、着いて間もなく身体的虐待も始まった。学校へはまったく行かせてもらえなかった。お使い以外での外出も禁じられた。彼女は正真正銘の奴隷にされたのだ。

服従させる方法

人身取引加害者が一度手に入れた被害者を手元に置き、その労働力を最大限搾り取るためには、ありとあらゆる手段が存在する。他の産業であれば「研修」と呼ばれるが、人身取引の加害者のやり方は、どちらかというと馬の調教に近い。所有財産である奴隷が、命令には徹底的に従うようにしつけるのだ。反抗的な奴隷はビジネスの阻害要因になるので、奴隷保有者には、所有物を大人しく従わせる能力が重要になってくる。

彼らは実際どのようにして、奴隷たちをつなぎとめ、働かせるのか。過去の奴隷制においてと同じで、最も広く使われ、おそらく最も効果的な方法は、奴隷本人あるいはその大切な人に対する暴力または殺害の脅しだ。イギリスのセアラの話にもあったが、ギャングたちはもし彼女が口外したら家族や友人を殺すと脅した――そしてこの種の脅迫の恐ろしいところは、被害者を沈黙させるだけでなく、その協力をも引き出せることだ。実際、セアラは囚われていた7年間を通して終始命の危険に怯えていて、それは無理からぬことだった。ジェニファーが人身取引されたオハイオ州コロンバスでは、加害者たちは少女や女性、ときに少年や男性たちを地下室に閉じ込め、薬物で精神を麻痺させピットブル〔犬種の一つ。凶暴で人を殺傷する事故も多い〕で脅していた。このような脅迫が強制労働においても常に起きていることを、ニューヨークの地方検事局も確認している。

脅しが本気だと示し、力を行使し、奴隷化された人間の意気をくじくために、奴隷保有者たちはほぼ例外なく、殴打や煙草の火の押し付けなどで肉体的に被害者を痛めつける。しかしカトーナによれば、加害者も細心の注意を払っているという。「被害者が労働生産性を落とさない程度に、それが性的労働であれ家事労働であれ、痛めつけて支配するにも加減をわきまえている。そして傷が決して外から見えないよう注意しているんです」

そして強姦である。現代奴隷制における暴力的支配の典型的な手法だ。何人もの男によって繰り返し強姦が行われる。人身取引の被害少女が新しくギャングに売られる場合、少女の所有権を示すため、ギャングのメンバー全員が強姦するというのはよくある話だ。

強姦が行われるのは性的人身取引においてだけではない。ケヴィン・ベイルズの調査では、強制労働の状況を含め、実際に奴隷化されるすべての女性が強姦されていることが明らかになっている。強姦されるのは女性だけに限らない。海外の船に乗せられたインドネシア人漁師の報告では、パスポートを取り上げられ何カ月も続けて海で働かされることに加え、船の幹部乗組員らから日常的に性的虐待を受けたという。私が話を聞いた専門家は皆口々に、人身取引され労働のために身体的虐待を受けた人は、どこかの時点で性的にも虐待されている可能性が非常に高いと言っている。

ある専門家は、性的虐待は奴隷制の商業活動の一部なのだと説明する。被害者への避妊具の供与をはじめ、多くがシステム化されている。それは、イラクとシリアの都市を数年間にわたりことごとく支配したテロ組織ダーエシュ〔「イスラム国」「IS」のこと〕に、性奴隷として使われた少女や女性たちに対しても行われたことがわかっている。

驚きでもなんでもないが、強姦は、奴隷を服従させるのに非常に効果的な方法だ。奴隷所有者による性暴力が繰り返されると、被害者は恥辱の底に突き落とされる。なぜ自分がそのような目に遭うのか合理的に説明がつかないため、被害者は徐々に自分自身を責め、自尊心を失っていく。

本書の後半でもっと詳しく触れるが、精神医学の専門家が「トラウマによる束縛」と呼んでいるのが、虐待の被害者が自尊心を失った結果、自分は酷い扱いに値する、あるいは虐待は自分が愛されている証拠だ、と思い込むような極限状態だ。「私を愛していなかったら、彼がこれほど怒るはずがない」と考えるのだ。トラウマによる束縛が形成されると、虐待行為はむしろ、被害者から加害者への結びつきを強めることになる。

この現象はDVにおいて非常によく見られ、またこれこそが、人が危険な状況にとどまり続ける主たる原因になっている。性的人身取引においても、これは実証済みのビジネスモデルだ。ジェニファーをグルーミングする際、セイレムは、彼女に歪みつつも強力な彼への愛着の種を植え付け、果たしてそれは彼のもとにとどまり彼のために働かせるのに有効な手立てとなった。

ネットで売られる子どもたち

被害者をより脆弱に、加害者をより強力にするための方法は他にも山ほどある。カトーナはこう述べている。「人身取引加害者は非常に巧妙です。弱い立場の人を1マイル先からでも嗅ぎつける。そして文化的に最も適した方法を使うのです。ナイジェリアでとても頻繁に呪術が使われるのは、それが被害者の文化に即していることを加害者が知っているからです。アルバニアでは家族が使われることが多く、『言うとおりにしなければ、妹も同じ目に遭わせるぞ』と脅すのです」

人身取引加害者はまた、移動の自由を奪うことで被害者への支配力を保とうとする。合法であろうとなかろうと、国境を越えて人を移動させるとき、加害者は被害者のパスポートやその他の渡航書類、そしてもちろん携帯電話を取り上げる。家事労働に就こうとする個人であれ、国際的な性売買であれ、湾岸諸国その他の建設会社であれ、この普遍的な手法こそが、奴隷の逃亡を防ぐ最も強力な手段になる。

さらにジェニファーからはこんなことも聞いた。彼女を売買したあるギャングの一人は、毎週のように奴隷たちを別の町または地区へと連れまわしたという。顧客は「新鮮な肉」と呼ばれる新しい女性や少女に、より多くの金額を払うからだ。このことは、より大きい国際的な規模でも起きている。本書の後半で出会うあるサバイバーは、同じ理由で、中南米から日本へと売られた。日本人の男は中南米やヨーロッパの白人女性が好みらしい。

インターネットでの性売買に比べ、売春宿や路上での性売買は古く、比較的小規模だ。女性と子どもへの暴力の売買は、子どもを直接売り買いできる〝ユーザーフレンドリー〟なウェブサイトの存在も手伝って、世界中でオンラインに移行・拡大しつつある。それらのサイトではいわゆる「児童ポルノ」も売られているが、この言葉を使うのはやめるべきだ。そのようなポルノは存在しない。子どもたちはポルノを作っているのではなく、性的虐待の被害に遭っているのだ。本書の後半で触れる２０１８年成立のアメリカの法律は、オンラインでの性的人身取引の防止を目的に作られ、バックページ・ドットコムという悪名高いサイトを閉鎖に追い込み、その責任者を監獄に送り込んだ。

人間をオンラインで売るウェブサイトは世界中に多数あり、ＳＮＳの広がりで、ますます多くの子どもやティーンエイジャーが人身取引加害者の手に落ちるリスクが増している。２０１７年10月、アメリカ当局は、生後たった3カ月の乳児を含む84人の子どもたちを救出し、１２０人を一斉逮捕した。この子どもの性奴隷犯罪の全国一斉捜査により、加害者によるＩＴの活用が加速していることが浮き彫りになった。逮捕された加害者の多くが、オンラインで広告を出して子どもを売っていた。

メアリー・マッツィオ監督の優れたドキュメンタリー映画『私はジェイン・ドゥ（I Am Jane Doe）』（仮題）には、ジェインの母親が、行方不明になっていた10代のわが子をバックページ・ドットコムで見つける場面がある。母親は心臓発作を起こしかけた――ジェインが自ら、性的サービスを売っていたのだ。やがて彼女は娘が人身取引されたことを知る。１年前に消息を絶ったのはそのためだった。

性的人身取引や強制労働を論じるのに、加害者にとり絶え間ない供給源となっている難民の状況を、考慮に入れないわけにはいかない。現代世界は第二次世界大戦後、最大規模の人の移動を経験しており、それが、弱い立場にある子ども、女性、男性への支配という無限の機会を作り出している。今日、6800万人の人が難民化しており——うち2500万人は戦争・紛争が原因だ——、人身取引加害者たちはそれにつけこみ、利用している。シリア人の母親もロヒンギャの父親も等しく、家族の安全を第一に考えている。子どもたちの命を守り、家と食物を与えるためなら、たとえ怪しい仕事の勧誘であっても、生活のために何でもするだろう。

そして状況がシリアやミャンマーで起きていることほど極端でなかったとしても、奴隷制の条件を整えるのは簡単だ。経済状況や環境にかかわらず、誰でも、戦争、自然災害、水不足、貧困などによって窮地に陥ることがある。2010年以降、6000万人が家を追われている。そんな状況で移住しなくてはならない場合——アフリカからヨーロッパであれ、中米からアメリカであれ、アジア圏内であれ——そこで待ち受ける危険はどれも似通っている。憧れの国を目指す女性が身分証明書を持っていなければ、いとも簡単に、あらゆる密入国業者の餌食になる。人身取引業者も触手を伸ばす。脆弱な立場というものが、人々を奴隷状態に引きずり込むのだ。

第3章　ネパールからカタールへ――債務奴隷

ディーペンドラ・ジリを奴隷状態に追いやったのは、職を得ることへの必死な思いだった。彼は学歴もあり教職経験もあるネパール人で、堪能な英語をはじめ5カ国語を話し、コンピューターも操作できた――どれも、奴隷制の餌食となるのを防いでくれる資質ばかりだ。それなのに、人生の中で特に脆弱だった一瞬のあいだに、彼はネパールの片田舎からカタールの工業地帯へと人身取引され、2年以上も囚われの身となった。

ディーペンドラと私は、彼が2013年のトラスト・ウィメン・カンファレンスでカタールでの奴隷時代の体験を語ってくれたときから、密に連絡を取り合っていた。本書の冒頭で述べたように、ある女性があの場で彼の話を聞き、借金をすべて返済してくれた。ひとりの人生を変える贈り物だった。私にディーペンドラを紹介したのは、中東の首長国での労働慣行・労働条件について調査していた、アンドリュー・ガードナーというアメリカ人研究者だった。

カタールでの仕事が休みの日に、ディーペンドラはこっそりガードナーに協力し、彼のいる〝収容所〟の写真を撮ったり、他の労働者たちの証言を集めたりした。ガードナーはカタール大学の客員教授だった。ディーペンドラは、もし現場の記録を取っているところを見つかったら、命が危険に晒されただろう。同様にガードナーも、労働収容所の周辺を嗅ぎまわっていると知られたら、最低でも教授の職を追われたことだろう。湾岸諸国で奴隷を使っているような企業は、外部の目を遠ざけることに細心の注意を払う。自らの犯罪を闇に隠しておくためだ。

ディーペンドラが絡めとられたのは、「債務奴隷」「債務労働」と呼ばれるもので、これは今日の奴隷制において最も多く見られる形態だ。ＩＬＯの推計では、他人に奴隷にされている人の半数が、なんらかの債務による束縛に陥っているという。色々な形がありえるが、基本的には、誰かから借金をしたところ、利息は常軌を逸した高利率で、返済できないとなると返し終えるまで無給で働き続けなければならないというものだ。本質的に、労働が借金と連動している。

２０１３年のカンファレンスに登壇した当時、ディーペンドラは自由を取り戻してからまだ2年しか経っておらず、まだその過酷な体験に深く動揺していた。とても礼儀正しい彼は、控えめではあったが、囚われの身となった経緯を明瞭に語った。奴隷たちが住まわされていた劣悪な建物の写真も見せてくれた。カタールの首都ドーハからほんの数キロ離れた場所だ。

熱帯夜があまりに寝苦しく、皆でトタン屋根の上で横になったこともあったらしい。隣のセメント工場から降る粉塵にまみれ、目覚めると全身真っ白だったこともあるという。

その後の数年間でディーペンドラは自信を取り戻し、私は、彼が実はとても社交的でおしゃべりな人なのだと理解した。彼は2014年のカンファレンスで再登壇し、ネパールで自らNGOを立ち上げたと話してくれた。その後2017年にカタールに戻り、アンドリュー・ガードナーとの調査以来、何か進展があったかどうかを確認しに行った。少しは改善されたものの、奴隷労働はまだまだはびこっていた。

2017年4月にワシントンDCでのカンファレンスで再会したとき、ディーペンドラは完全に変貌を遂げていた。自信に満ちたその姿は、最初に出会った4年前の彼とはまるで別人だった。自己肯定感にあふれ、優雅なツイードの背広と素敵なネクタイと大きなメガネを着け、研究者然とした雰囲気をまとっていた。ディーペンドラの仕草は繊細で、かつ温かみとエネルギーに満ちていた。これらの資質はもともと性格として備わっていたが、人身取引されてからの数年間は押し潰されていたのだ。その生来の明るさは、彼の知性、勤勉さ、コンピューターの技能と並んで、おそらく、ネパールの職業斡旋代理店が彼を何百人という応募者の中から選んだ大きな理由だったのではないだろうか。

しかし斡旋業者は、彼の忍耐強さと共感の力を見逃した。もしも同僚の強制労働者たちを助けようと行動するとわかっていたら、おそらく彼は〝雇われ〟なかっただろう。ましてや、週一度の休日を、カタールにはびこる労働者虐待の調査に捧げることになる人物など、絶対に選ばれなかったはずだ。

２０１７年、私たち二人は古くからの友人のように向かい合い、私は彼の回想する物語の一部始終を書きとめることができた。

以下は、ディーペンドラが私に話してくれた話の前半を、彼自身の言葉で綴ったものだ。

カタールへの道

結婚前、私は三つの仕事をしていました――小学校の教員、家庭教師、コンピューター教室の指導員です。当時はそれで自活できていました。けれども２００５年に結婚してから経済的な問題が大きくなり、もっといい仕事を探し始めたんです。努力してみたのですが、ネパールではいい職が見つかりませんでした。

２００８年に子どもが生まれたので、中東の湾岸諸国での仕事に応募を始めました。毎日毎日、新聞に出ているたくさんの求人広告に目を通しました。ある日、カタールで内勤の事務職の仕事を見つけたんです。職業斡旋代理店の広告の９割は建設作業で、内勤の仕事は１割しかありませんでした。私はこの仕事に応募することにしたんです。

その広告にははっきりと、ビザや航空券は会社が支給すると書いてあり、こちらの負担はなし。手数料はたったの2万ルピー（200ドル）。私は、こういう斡旋代理店の手口など知りません。カトマンズまで出かけ、パスポートのコピーと履歴書を提出しました。面接の日が決まったら連絡すると言われました。

10日後に電話があり、2日後にカトマンズで一次面接だと言われました。首都以外の場所に住む人にとっては大変なことです。私の家は300キロ離れています。片道10時間、それに交通費もたくさんかかりました。

斡旋代理店のスタッフの一人を相手に、一次面接を受けました。たった一人の求人枠に500人以上が応募してきていました。家に帰るとその2日後に連絡があって、「ディーペンドラ、君が選ばれたよ。最終面接に来てほしい」と言われました。

最終面接の相手は、カタールの企業からやって来たシリア人でした。すこし会話を交わした後、「ディーペンドラ、おめでとう。君を選ぶことにしたよ」と告げられました。まるで友達のように扱ってくれるので、訊ねてみました。「ちょっと質問してもいいですか？　ほかに500人も応募者がいて、私より頭がよくて教育も受けていて英語も上手な人がたくさんいましたが……」。すると相手はこう言ったのです。「たくさんの履歴書を見たけれど、なぜだか不思議なんだが、君の履歴書が気に入ったんだ。だから君を選んだんだよ」。私はお礼を言いました。月給は1200カタール・リヤル（330ドル）

で、食事と住居が支給されると告げられ、詳細とビザは自宅に送られてくるとのことでした。

私は嬉しかったのですが、一方で、娘と妻のスニータから離れるのは気が進みませんでした。アアユシはまだ生後1カ月になったばかりで、二人の面倒を見るのは私の務めです。どうしたらいいか途方に暮れました。

やはり国にとどまって二人の面倒を見るべきか？　けれども面倒を見るにはお金が要る。両親、そして義理の両親に相談すると、「心配しないでいいよ、ディーペンドラ。私たちが二人の面倒を見るから、行って稼いでおいで」と言われました。

斡旋代理店に連絡してみると、私の地元にいる代理業者に連絡するよう言われました。私は困惑しました。それまでは斡旋代理店と直接やり取りをしていたからです。カトマンズの斡旋代理店がネパール中に代理業者を置いていることを、私は後から知りました。代理業者は私に、諸経費と航空券代として1200ドルを支払うように言ってきました。広告では、会社側が支払うことになっていたのに。

ずっと後になってから知ったのですが、カタールの巨大企業では、経営者と密接に動いている人材派遣業者がいて、彼らがネパールにある職業斡旋代理店と交渉しているのです。

「われわれは労働ビザを100件持っているんだが、一人につきいくら支払える？」そう言っておそらくビザ1件につき500ドルで交渉するのでしょう。最初は代理業者が払っておいて、後からそれを労働者に請求するのです。

私は土地も持っていないし、売って換金できるものは何もありませんでした。当時まだ25、26歳で、祖父母の家に住んでいました。財産が何もない人に、銀行は金を貸してくれません。

そこで私は、金貸し業を営む近所の人から、個人的な貸し付けを受けることにしました。相手はこちらをよく知っており信用の問題だったので、私は利息もきちんと払うと約束しました。弁護士の前で二人で書類に署名をしましたが、利息はとても低く、ほとんど形式的な数字でした。けれどもその日のうちにこの人がもう一度私を自宅に呼びつけ、今度は裏の契約書に署名をするよう迫りました。利息は60%と書いてありました。

署名しないと金は貸さないと言われ、従うほかありませんでした。私は金を受け取り、旅支度をして、衣服、歯ブラシ、石鹸、シャンプーなどを買いました。

準備は整いました。私は当時携帯電話を持っておらず、カタールに無事着いたかどうかどうすればわかるだろうと皆が心配しました。私は「空港に着いたら誰かに電話を借りて、連絡するよ」と言いました。

カタールに飛び、夜11時に空港に降り立ったとき、あまりの暑さに、一瞬私は混乱しました。ネパールもとても暑いけれど、ここはそれよりも暑い。こんなところに2年間もいられるだろうか？　けれども自分に言い聞かせたのです。いや心配するな、かなりの金額を払い、多くのことをやってここまで来たんだ、ここでやっていかなくては、と。

入国審査を終えると一人の男がやってきて「ディーペンドラかい？」と聞くので「はい」と答えると「パスポートを預かる」と言われました。パスポートを彼に渡しました。いったいどうなるのか不安でした。相手は知らない男なのです。命じられるがまま、白いミツビシのヴァンに乗りました。今もときどきあのヴァンが夢に出てきて、まるでホラー映画を見たような気分になります。男はあまり話しかけてこず、ただただ運転し続けていました。窓の外は砂漠で、木一本、家一軒、見当たりませんでした。一度ガソリンスタンドで停まり、食べ物が与えられました。車の中で食べるよう言われたのですが、私は、それはできない、レストランの中で座って食べたいと言いました。彼は笑って許してくれました。

やがて工業地区にある女人禁制の労働収容所に到着しました。ある建物に連れていかれ、そこが宿舎だと言われましたが、どちらかといえば倉庫のような建物でした。中に入ると、猫よりも大きな鼠があちこちで動き回っているのが目に入りました。そこらじゅうにタイヤが置いてあります。そして中央にいくつかベッドがあり、たくさんの人が眠っていました。「ディーペンドラ、これがお前のベッドだ。休んでいいよ」と言われたので、私が「シャワーを浴びたいんですが」と言うと、彼は笑って「電気が来ていないからバスルームは暗いよ。朝に浴びた方がいい」と言いました。飲み水もありませんでした。

眠ろうとしたけれど眠れませんでした。故郷が恋しいことに加えて、この恐ろしい宿舎です。家族に電話するという約束を思い出しました。けれども電話したところで、きっと泣き通しになってしまうだろうから意味がないと思いました。明日の朝に電話して、疲労困憊で忘れていたと言おう、と決めました。

朝起きて隣のベッドで寝ていた人に自己紹介をしたところ、相手が私と同じルパンデヒ郡バイラワの出身であることがわかりました。少なくともひとり同郷の人がいることがわかり、心強く感じました。

私はまず彼に頼みました。「もし携帯電話を持っていたら、家族に電話したいので貸してもらえないだろうか。昨夜からずっと心配しているだろうから」。彼はすぐにいいよと言ってくれました。恐ろしい宿舎のことなど頭から消えました。友達ができたからです。私は妻に電話しました。「すべてうまくいってるよ」。妻は訊ねます。「宿舎はどう？」「ああ、信じられないくらい、いいところだよ」

だって、なんと言えばいいでしょう？　妻は私を助けられません。両親だってそうです。それに、家族に衝撃を与えたくありませんでした。「夕べはすばらしい料理が出たよ」などと、あることないことを話しました。妻は安心したようでした。

裏切りと束縛

私の上司はパレスチナ人の男でした。着いた翌日に、大きなトラックやクレーン、重機のスペアパーツが山積みになった倉庫に連れていかれました。そこが私の職場だというのです。私は、自分は事務員として選ばれたはずだと抗議したのですが、「そうだな、だが事務員はもういるから、君はここで働くんだ」と言われました。私は、そうですか、わかりました、と引き下がりました。だってどうしようもないでしょう？　そういう類いの肉体労働については、精神的にも身体的にも準備ができていませんでした。けれど、はるばる遠くからやってきたのだし、家族は遠く離れたところにいるし、助けを求めようにも誰も知りません。どんな条件であれ、そこで働くしかないのです。２年間勤め上げなければ出国できないという契約に、署名していたからです。

カタールの「カファラ」制度では、たとえ仕事が気に入らなくても辞めるわけにはいきません。契約満了まで働かなくてはいけない。だから、たとえ私がパスポートを取り戻したとしても、私の雇い主から出国許可を得なくてはなりません。でなければこの国を離れることはできないのです。私は自分のパスポートがどこにあるのかわからず、とても不安でした。

2日目には事務所の所長から、彼とその友人の車を洗うように命じられました。洗車用品を渡されて作業を始めました。暑くてなかなかはかどらず、昼時だというのに朝食すら食べていません。けれども新米なので何も言えませんでした。洗車し終わると所長が「お前は洗車の仕方がわかってない」と言うので「所長さん、私は母国でも車を持っていないので、洗車の仕方を知らないんです」と答えました。

月給330ドルの約束でしたが、275ドルしかもらえず、しかも朝食はなし、休日の金曜日には食事はなしなのだとわかりました。私は上司に「契約では食事と住居が与えられるということだったのに、金曜日には食事がもらえません」と訴えましたが、「金曜日は働いていないだろう」と言われました。

1〜2カ月の間、私は家具やスペアパーツを動かす雑用をやりました。しばらくして、別の上司がやってきて言いました。「ディーペンドラ、なにをしているんだ？ 君は事務員として雇われたはずだよ」。翌日私が事務所に行くと、彼は手紙の書き方やエクセルシートと個々のファイルの作り方を知っているかと訊ねたので、私は「はい」と答えました。

私の最初の仕事は、従業員のリストを見ながら一人ひとりについてファイルを作ることでした。リストの名前は600人以上。書類は整理されていませんでした。あるファイルには誰かのパスポートのコピーが入っていて、でもその人の医療記録がどこにあるかわからない。600人分のファイルを作るのに、約1カ月かかりました。

私の仕事ぶりに課長は満足していました。そしてジェネラルマネージャーのジムも、上機嫌でやってきました。「ディーペンドラ、君の仕事ぶりには感動したよ。給料を1500リヤル（412ドル）にアップしよう。自分の机に戻って、課長を私のところによこしたまえ」

二人が何を話したのか、私にはわかりません。課長が部屋から出てきたとき、私が「ジムさんが私の給料を上げるための書類を作るように言いました。それにサインしてくれるそうです」と告げると、こう返事が返ってきました。「いや、ジムさんと話をした。現時点では君は従来通りでいい。後で話をしよう」

そんなこんなで最初は辛かったです。毎日怒鳴られていて、他の人たちのように殴られるのではないかと怯えていました。最初の月、私は給料をもらえませんでした。借金を返す必要があるので課長に訴えました。「すみません、仕送りする分と、借金を返す分と、利息を払う分のためにお金が必要なんですが」。すると彼は「わかった。給料を払ってやろう」と言いました。ところが、彼がくれたのは50リヤル。ほんの小遣い程度でした。翌月も同じです。給料の支払いはなし。3カ月目もなし。その頃には自殺を考えるようになっていました。

どうすればよかったのでしょう。赤ん坊がいるのに給料がもらえない。金貸しが妻のところに来ては、夫はいつ送金してくるんだと聞いてくる。私には貯金がない。両親に電話をする金もない。妻が自分の買い物をするためのお金も送ってやれない。自分の両親に、妻に金をやってくれとも言えない。私の国では文化が違います。そんなことをしたら世間の笑い者になる。もはや自殺が最善の解決策に思えました。

そのとき、友人の一人が自分の給料を私に差し出し、私が給料を手にしたときに返してくれたらいい、と言ってくれたのです。私は彼に心から感謝しました。ようやく給料の支払いが行われるようになったものの、3カ月ごとに1カ月分が支払われるだけでした。

私たちのうち誰かが給料を受け取るたびに、順番に母国に送金しました。3人の友人が給料を渡してくれて、それを私が母国に送ります。次の給料日には、彼らのために同じことをします。私が最初にしたのは3カ月分の利子を払うことで、妻には3000ルピー(29ドル)だけを送りました。けれども幼い赤ん坊を抱える家には、それでは足りませんでした。

とはいえ、私はその場所に徐々に慣れていきました。4~5カ月経った頃、課長が言いました。「さて、君にはこれから、同僚たちの給与明細と残業代のことを任せることにしよう」。私は彼らの残業代を計算することになりました。私が手を着けたとたんに、皆の残業代が増えました。前任の事務員は、残業時間を全部数えたりするなと命じられていたのです。けれども私はそのことを知りませんでした。それに、同僚たちを騙す必要がどこにあるというのでしょう。私は当然支払うべき残業代を、素直に計算しました。課長がやってきました。「ディーペンドラ、これは酷いぞ。運転手の給料が５０００リヤルだと？」「あなたから渡された残業記録をもとにしています。運転手の給料がどこにあるというのでしょう。あなたが計算なさってください」と私が答えると、こう言われました。「そこから差し引いて２２００にしろ。やり方は任せるが、とにかくやるんだ」。私は言われたように従い、課長に提出しました。銀行から金を引き出し、従業員に支給するのも私の役目でした。

運転手何人かが課長のところに乗り込みました。「給料はこれより多いはずだ」。ところが相手の答えは「知らんよ、ディーペンドラがやってることだから、やつに言ってくれ。やつが計算して出してきた書類にサインしているんだ。やつの責任だ、私じゃない」。そう、だからこそ彼はすべてを私にやらせた。私に責任を負わせるためだったのです。

その夜、私が自室に戻ると大勢が待ち構えていました。私は愛想よくしようとしましたが、その日の彼らはまるで私が最大の敵だと言わんばかりに睨みつけ、言いました。

「なぜこんな給与明細を作ったんだ？」

私は男たちに言いました。「私はただ課長から受け取ったデータをコンピューターに入力しているだけです。もし私を信用できないなら、彼に直談判に行きましょう。そうしたら、真実を話しているのが私なのか彼なのかがはっきりするはずです」。翌日彼らは事務所へ行き、「ディーペンドラから話を聞いた。ディーペンドラではなく、あなたのせいだ。全額支払うか、さもなくばストライキを決行するぞ」。前夜、私がこのアイデアを彼らに伝授してあったのです。

課長は長い間黙っていました。そして言いました。「この金額を受け取ってくれ。残りは後で支払うから」。そこで従業員たちは「わかった、待とう」と言って仕事に戻り、騒ぎは収まりました。

一方、私たちは住居を移されることになりました。工業地区での監査が行われることがわかり、監査官に私たちが倉庫で寝泊まりしていることが知られたら、会社は巨額の罰金を支払わねばならず、課長たちも刑務所行きになるかもしれないからです。私たちは工業地区の端にある建物に移されました。1階に電気はなく、2階と3階は建築中の代物でした。私の祖国ですら、建築中の建物に住むことなどありえません。

翌日私たちは事務所に行き、課長に抗議しました。「あの建物は建築中で何もありません。水道もなくてシャワーも浴びられない。このままだと病気になってしまう」。課長は答えました。「君たちのためにすべてそろえようと努力はしているんだ」。けれどもそれは出まかせでした。

アンドリューとの出会い

ある日私は工業地区でアンドリュー・ガードナーと出会いました。友人の一人が紹介してくれたのです。アンドリューはカタール大学の客員教授で、工業地区に来て様子を探り、写真を撮り、人々から話を聞いていました。彼には助手がいませんでした。最大の問題は、彼が白人の中でも特に色白で、しかも工業地区には白人がいないことです。収容所に赴いて行動するのは困難が伴います。そこで彼は私に、休みの日に自分の調査を手伝ってほしいと言いました。手当は払うから、と言うのです。

アンドリューとは翌週の金曜日に会う約束をしました。彼は私に朝食をご馳走してくれました。私にとっては何カ月かぶりの、まともな朝食でした。私の役目は、問題を抱えている人を見つけたら話を聞き、録音して文字を起こし、彼に送ることでした。可能なら写真も撮って送ってほしいと言われました。私は撮れますと答えました。

こうして私たちのプロジェクトが始まりました。私はとてもわくわくしていました。このことは誰も知らないのです。私は対象となる人々を見つけ、話しかけ、面談をして、レポートを書きました。

最初にアンドリューからもらった報酬でノートパソコンを買い、それは今もまだ手元にあります。購入したのは２００８年で、もうあまり調子は良くないのですが、仕事に使うのに支障はありません。このノートパソコンは私のお気に入りなんです。

アンドリューからの報酬は、仕事でもらう給料より多いぐらいでした！ですから、彼のプロジェクトのためにもっとしっかり作業をしよう、もっと時間を割こう、というモチベーションになりました。当事者を彼の車に連れていくこともありました。車の中というのはインタビューするのに最も安全な場所なのです。

私はネパール語、ヒンディー語、ボージュプリー語、アワディー語を話せます。それをアンドリューのために英語に通訳しました。アンドリューは、インタビューに応じてくれた人にリチャージカード（携帯電話用プリペイドカード）と小袋入りの米、それに1時間につき30リヤルを渡しました。みな喜んでいました。

私はアンドリューに事務所での問題を少しずつ話していました。彼は「何かあったら知らせてほしい」と言ってくれました。

運転手たちは未払い給料が支払われるのをずっと待っていて、ある日とうとうストライキに踏み切りました。すると課長は彼らを停職処分にし、給料と食料の供給がストップしました。運転手たちは深刻な状況に陥りました。ネパール人4～5人、インド人2～3人、それにバングラデシュ人数人です。彼らは私の部屋に来て「どうしたらいい？」と相談を持ち掛けてきました。私は「ちょっと考えさせてほしい。食料については心配しないで。私たちの分をあげるから。でも課長には知られないように気を付けてほしい」と答えました。

アンドリューのために働いたおかげで、お金ができました。毎週家に送金するようになったので妻が驚きました。「いったいどうしたの、ディーペンドラ。ちょっと前まではお金がなかったのに、今は毎週送ってくれるなんて」。妻は娘の写真を郵便で送ってきました。私はまだ携帯電話を持っていなかったのです。バングラデシュ人たちが、違法なネット通話を運営していました。故郷まで電話するのに6、7分で1リヤルです。私はこれを使って家族と話しましたが、そのたびに家族はこう言いました。「私たちは大丈夫。何もかもそろってる。すべてがうまくいっているよ」

アンドリューとの次の打ち合わせのときに、私は自分の会社の問題を持ち出しました。「運転手たちがストライキを起こしたら、会社が彼らを停職処分にしたんです。どうしたらいいものか」。すると彼は言いました。「知り合いに掛け合ってみて、連絡するよ。でもそれまでは黙っておくように彼らに伝えてほしい。ここはネパールとは違うからね。上司を罵ったり、誰かを殴ったりしないように。この国でそういうことをしたら、今度こそ本当に大変なことになって、誰も君たちを助けられないから」

債務奴隷をつくるビジネスモデル

貧困は、人が人身取引の危険に陥る、主要な要因のひとつだ。ジャーナリストで、現在は人身取引問題に取り組むNGO、トランスパレンテムを主宰しているベン・スキナーの説明は、こうだ。「貧しい人がみな奴隷というわけではありません。けれども経済的な脆弱性が高じると、社会との絆が断たれるような状況に陥りやすくなる。親しい者から離れ新たな環境に置かれれば、搾取を受けやすくなります。そうして奴隷になる危険が高まるのです」。ディーペンドラの経験が物語るように、誰であってもどこであっても、経済的に困難な状況になれば、奴隷労働を強いられる可能性がある。

ディーペンドラの債務奴隷状態はまた、人身取引というビジネスモデルの多様な側面が、いかに重なり合い作用し合っているかを示している。およそすべての国のすべての産業において、奴隷制がいかに絶え間なくその姿を変化させ、奴隷所有者たちがいかにずる賢く抜け目なく策略をめぐらせることか。そのことに私は常に圧倒されている。

ディーペンドラは、複雑で重層的な債務奴隷の当事者だった。職業斡旋代理店、金貸し、カタールの会社、といくつもの契約を結んでいた。強制労働の人身取引加害者は、契約という現代の労働慣習を用いることで、人身取引の実態を、被害者（実際何が起きているのか、後になるまで理解できない）からも、当局からも（たとえ気づかれそうになっても）、隠そうとする。

ディーペンドラが書類に署名するたびに、直接的あるいは間接的に借金が増え、自由が狭められていった。金を借りている相手はネパールにいて、会社に直接借金していたわけではなかったが、貧困国から来る労働者が航空運賃やその他の費用を賄うために法外な利子のつく高額の借金を負っていることを、会社側は当然ながら認識している。

労働者の借金は明らかに、企業のビジネスモデルの一環だ。割のいい賃金を約束しながら低い賃金しか渡さなければ、労働者たちは借金を返済できず、働き続けるしかない。この借金が、カタールからの出国許可や単なる休暇許可を出す時期すら企業が裁量を握っているという事実とあいまって、企業の怪しい雇用形態に人々を縛り付ける非常に有効な手段になっている。労働者たちは文字通り、そこから逃れることができないのだ。

ディーペンドラも語っていたように、出国許可とは、湾岸諸国特有のカファラ（身元引受人制度）と呼ばれる制度の一部だ。カファラ制度は、現地企業が外国人労働者の労働ビザと在留許可の正当性を証明するために義務づけられている。この制度の詳細は後述するが、基本的にこれにより外国人労働者は完全に企業の言いなりになり、搾取される膨大な余地が生まれる。

カファラ制度のもとでは、いかに状況が虐待的であっても――雇用者は労働者のパスポートを取り上げたり、ドッグフードを食事として与えたり、灼熱の中1日15時間労働を強要したり、酷い居住環境に住まわせたりする――、労働者が法的に保護されることはない。たとえ彼らが劣悪な状況を脱したとしても、会社が出国許可を与えなければ、国を出ることもできないし国内で別の仕事に就くこともできない。自社の労働者に出国許可を出すかどうか、出すならいつなのかは、完全に会社側の裁量に任されている。この制度は人身取引を誘発するばかりか、その隠れ蓑にさえなるのだ。

労働者の借金とカファラ制度に加え、ディーペンドラを奴隷にした会社は、別の非常に効果的なビジネス戦略を用いていた――官僚的な混乱だ。いいかげんな上司たちによって約束がことごとく反故にされ、伝達事項も矛盾だらけで、それらはすべて会社を利することになり、労働者たちの搾取につながった。なかには、たとえば約束より低い給料や、あまりに劣悪な住居や食料など、明らかに混乱に乗じて悪事を隠そうとする会社戦略の一部となっているものもあった。しかし、たとえその他のさほど非道ではない事例（たとえばディーペンドラの正確な職務についての混乱など）が、意図的な搾取というより、本当にマネジメント上の混乱の結果だったにしても、上司たちは労働者を完全に支配しており、そのため、どんな混乱をも自己の利益のために利用した。ディーペンドラの求人条件の中には、湾岸諸国の灼けつく太陽の下で他人の車を洗うことなど書かれていなかった。

ディーペンドラが奴隷にされた裏では、腐敗もまた大きな役割を果たしていた。事実を知った彼自身の説明にあったように、湾岸諸国の企業の一部では、人事スタッフが秘密裡に南アジアの斡旋業者と通じている。その意味するところは、ディーペンドラがネパールの代理業者に支払わされた金額の大部分が、必要経費の支払いではなく、雇用主である企業の誰かの懐に入った可能性が高いということ——これは、まぎれもない腐敗だ。かりに雇用企業が斡旋代理店と直接共謀して違法行為に手を染めていなくても、ほとんどが不誠実で遵法意識の低いネパールの業者が、労働者からあらゆる手数料を巻き上げ利益を上げるやり口を、企業側は明らかに認識している。それは企業にとり有利に働く。労働者の借金が多ければ多いほど、企業が搾取できる期間が長くなるからだ。

借金という偽りの構造と搾取により、世界中で奴隷労働が繰り返されてきた。伝統的な債務奴隷においては、奴隷は奴隷保有者から直接金を借りる。いくつかの国では広く定着している慣習であり、そこには原則も存在し、当然ながら、常に主人に有利にはたらくようになっている。借金を永遠に完済できないケースもあり、それは奴隷にされた人が医者や薬を必要とする場合などに借金額が上積みされるからであり、そうなると返済義務が子どもに、酷いときには孫にまで引き継がれることもある。インド、パキスタン、ネパール、スリランカでは、何百万人もの人々がこの債務奴隷の相続に絡めとられ、何世代にもわたって奴隷として生まれるはめになる。

最も残忍なのは、返済のすべての側面について、奴隷保有者がすべての決定権を握っているという点だ。利率を決めるのもそうだし、借金を完済するまでに必要な仕事量から、食費、住居費、治療費、交通費などのうちどこまでが借金残高に足されるかも、彼らの裁量だ。利率はいつでも引き上げることができる。インドでは年利300%という数字すら聞いたことがある。そして当然、借金とともに暴力や暴力の脅しが、奴隷をその場に縛り付けるために使われる。

煉瓦焼き工場での奴隷労働から救出されたネパール人のあるサバイバーが、私たち数人に対し語ってくれたのだが、彼らは自分たちが奴隷であったとは知らなかったという。主人に殴られたり、犬のような食べ物を与えられるのを普通だと思っていた。違う人生がありえることなど、想像もしなかったという。

モーリタニア、ハイチ、中国、北朝鮮、アメリカでも

人がいまだに奴隷として生まれてくる国は、南アジアに限った話ではない。アフリカではモーリタニアでいまだに大っぴらに束縛相続の制度が続けられ、社会に深く根づいている。母親は奴隷のまま囚われ続け、父親は解放されたという奴隷解放活動家のバイラム・ダー・アバイドが、そのことについて2016年のカンファレンスで話をしてくれた。モーリタニアでは今日でも人口の約17%が奴隷として囚われており、教育も受けていない。政府は1981年に奴隷制を違法とした——それも世界で最も遅かった——が、いまだに奴隷制は続いている。バイラムは2018年に、再び説明もなく捕らえられた。モーリタニアでの彼の選挙活動を妨害するためだった。

フランス革命からわずか2年後の1791年に、世界で初めての、かつ唯一成功した奴隷蜂起の舞台となったハイチでは、制度としての奴隷労働がいまだに存在している。「レスタベック」(「一緒にいる人」の意)と呼ばれる子どもたちは、実の親によって、裕福な家庭に送り込まれる。あるいはブローカーの手により、買いたいという人にほんの数ドルで売られることもある。ベン・スキナーは、これを自ら目撃している。ハイチで調査していたスキナーは、10歳の少女を50ドルで買わないかと誘われたのだ。表向きの取り決めでは、子どもは家事を行う代わりに、食事、住居、教育といった、よりよい生活条件と機会を与えられることになっている。だが現実には、ほとんどのレスタベックは奴隷であり、働き続けるためにギリギリの食事しか与えられず、頻繁に殴られ、強姦され、外出の自由・親との連絡・教育などの機会はすべて奪われている。

忘れてはならないのが、中国の「労改《ラオカイ》」(労働改造)強制収容所に囚われている何千人もの政治犯の状況だ。今日、制度的な奴隷労働に政府が加担している例は非常に珍しいが、中国本土ではそれが起きている。

自宅での軟禁状態から脱出したことで有名な盲目の弁護士・人権活動家の陳光誠は、そのような労改所で4年間過ごしたことがある。彼が収監された理由は、地元当局とその一人っ子政策の非人道的な執行——強制不妊手術、妊娠のあらゆる段階での強制中絶、そして新生児の殺戮まで——に対して、集団代表訴訟を起こしたためだった。

2017年のトラスト・カンファレンス（元トラスト・ウィメン・カンファレンス）での陳の話によれば、囚人たちは皆わずかな報酬、またはまったくの無報酬で、日に12時間から16時間の労働を強制される。とうてい達成不可能なノルマを課されて、クリスマスの電飾、使い捨てのポリ手袋、菓子などを作らされる。不可抗力でノルマを達成できない場合、拷問が待っている。「殴打される人々の悲鳴は、監獄の日常的な背景音になっていました」と陳は語った。

収容所の官吏たちはこの制度から甘い汁を吸っており、その結果、囚人たちが定期的に収容所間で数百元から数千元で売買される市場が形成されている。陳が労改所で知り合った囚人たち数人は、そのような形で売られていったという。彼がいた収容所の所長は、中国全土で同じようなことが行われていると言ったそうだ。しかし当然政府はこの労改制度を覆い隠しており、公にはほとんど情報が得られないのが実情だ。

北朝鮮からの脱北者パク・ジヒョンは、自分の祖国の状況はもっと酷いと言う。多くの市民が強制労働の収容所で生活し働いている。「北朝鮮とは、ひとつの大きな強制収容所です」とジヒョンは私に語ってくれた。

もうひとつ注目に値するのは、アメリカにおいても、ときには無報酬、ときには時給2セントなどという極少賃金で囚人を強制的に働かせ、利益を得ている刑務所があることだ。「産獄複合体」は欧米においても厳然と存在している。

債務奴隷制にルールはなく、それは奴隷制全般についても言える。結局、100%、犯罪行為なのだ。しかし、私たちがよくよく目を凝らすなら、そのビジネスモデルを見分けることができるはずだ。この怪物のような産業に巣食うあらゆる戦略と形態を理解して初めて、その撲滅への道を見出すことができる。

第4章 心に刻まれたタトゥー——腐敗と免責

債務奴隷状態が起こるのは強制労働とは限らない。性的な人身取引においても起こりうる。経験者の一人、コロンビア人女性のマルセーラ・ロアイサも、やはり多額の借金を抱えていた。中南米出身のマルセーラは現在、夫とともにラスヴェガスに住んでいる。私がこれまでに出会ったなかでも、奴隷状態におかれたトラウマをほぼ完全に克服したかに見える数少ないサバイバーの一人だが、それでも、彼女自身が見事に表現したように、そこには「心に刻まれたタトゥー」が残っているという。

人身取引に遭った後、彼女は自身の人生を立て直し、心身ともにしっかり回復できたため、恋愛をして信頼できる関係を築き、結婚し二人の子どもを授かった。マルセーラは私にとって奴隷制という闇の世界に差し込む一筋の希望であり、人は最悪の経験をも踏み台にしてより良い人間に生まれ変われるのだという、確かな証明だ。

私の知る多くのサバイバー同様、信仰者であるマルセーラは、神がトラウマの克服を助け、長いトンネルの先に光を照らしてくれたと語る。その人生は充実しており、いかにも楽しそうだ。理由の一端は、コロンビアで反人身取引NGO、「マルセーラ・ロアイサ財団」を始めたことにあるだろう。財団ではこの問題について人々の意識を高め、心理療法や職業紹介などのサービスを通じて、サバイバーが尊厳を取り戻し社会に再適応できるよう手助けを行っている。

マルセーラは小柄でチャーミングな女性で、高い頬骨と屈託のない笑顔からは43歳という年齢は感じられない。2014年に最初に出会ったときから落ち着きと前向きな姿勢を持ち、同時にとてもユーモラスだった。3年後に再会したときには1冊の本をくれた。それは日本のヤクザ（暴力団）に人身取引された経験を綴った自伝で、コロンビアではベストセラーになっていると語っていた。

アメリカで結婚し新生活をスタートさせるというタイミングで自身の物語を書き記したということ自体が、彼女の勇気と決意の強さを示している。

過去を隠すのではなく、ラスヴェガスの友人たち、そして全世界に向けて、彼女はこう語った。奴らがやったのは私を売春婦に仕立て上げることだったけれど、今の私は、あなたの目をまっすぐに見ることができる、尊厳ある一人の人間です、と。世界有数の残忍なマフィアたちも、マルセーラを破壊することはできなかったのだ。彼女はそのトラウマから回復し、恥辱を克服した――それはサバイバーにとって並大抵のことではない。

これが彼女自身の口から語られた、マルセーラの物語だ。

東京での1年半

私は経済的に苦労していました。16歳のときからシングルマザーで、当時は21歳でした。娘には健康上の問題がありました。当時は二つの仕事を掛け持ちし、平日はスーパーのレジ係、週末はナイトクラブでダンサーとして働いていました。断っておきますが、テーブルダンスやポールダンスではなく、あくまで本物の、プロのダンサーだったんです。

ある日、ショーの後に男が近づいてきて、仕事に誘われました。自分はマネージャーで、私を有名にしてやると言うのです。「君はすばらしいダンサーだし見た目もきれいだ。私はセレブだから、君をダンサーとして世界中に連れていってあげよう」彼はそう言いました。

私は、けっこうです、と断りました。新たに仕事など必要ありませんでした。仕事が二つあり、十分普通に生活できていたからです。ところが数カ月後、娘が喘息の発作で入院しました。2週間の入院期間中、私は毎日24時間、娘に付き添いました。それで仕事を二つとも失ってしまいました。

不幸なことに、ナイトクラブであの日もらった名刺をまだ持っていたので、私は男に電話をかけました。会いにいくと、なぜ気が変わったのかと聞かれたので、私は娘のこと、失業したこと、病院の請求書のことを話しました。いくら足りないのかと聞かれたので500ドルと答えると、男はその場でお金を渡してくれたのです。それまで、そんなに気前よく、即座に助けてくれる人はいませんでした。まるで天使のようだと思いました。

今すぐ仕事があるわけではないから探してみる、だけど才能があってきれいな君になら、きっとすぐに見つかるだろう、と彼は言いました。私は舞い上がりました。自分は特別なんだと思いました。はあぁ、なぜこの人は私を選んだの？　私が人とは違うからだわ！　なんて素敵なんだろう、と。

1週間も経たないうちに男は私に仕事を見つけ、書類を準備し、パスポートの取得を手伝ってくれました。そしてこう忠告してきました。「家族には言っちゃだめだよ。お母さんには黙っておくんだ、君の夢を止めようとするかもしれないから。もし君が友達に話したら、そして万が一その子が君より可愛くてダンスが上手だったりしたら、私は君ではなくその子にチャンスを与えてしまうかもしれないからね」

「どうか、そんなことをしないで。決して誰にも言いません。だから私にチャンスをください。有名になりたいんです」私はそう言いました。こうして彼は巧みに私の思考を支配したのです。私は言われた通りにしました。それはまるで就職のための面接でした。相手が期待している答えが何なのかを、こちらは必死で探すのです。

こうして、その後1週間以内に、彼は私を捕らえました。

私は母に嘘をつきました。コロンビアの首都ボゴタに行って働くと伝えました。その仕事で娘の治療費やその他もろもろが払えるのだ、と。娘の面倒は母が見てくれることになりました。

出発前夜、男は「朝5時に迎えに行く」と言いました。私が「どこに行くの?」と聞くと、「心配しなくてもいい。朝になったら教えるから」という答えでした。

朝になると、2000ドルの現金と航空券を渡され、「行き先は日本だよ」と言われました。

私は有頂天でした。飛行機に乗ることさえ初めてなのです。「ああ、きっと有名になって、お金持ちになれるんだわ」と思いました。正直、何も不安はありませんでした。これは大きなチャンスだ、これに懸けてみたい、と思っていました。

私はペレイラからボゴタへ、そしてアムステルダム経由で東京へ飛び、そこで日本のマフィアであるヤクザ(暴力団)によって売られました。

東京では、成田空港で二人の男が待っていて、コロンビア人の女性もいました。彼らの顔が少々怪しげに思えたので、私は少し不安になりました。国を出てから初めて感じる不安でした。

多少怖かったけれど、同時にかなり興奮もしていました。すべてが目新しく、私にとってまったく新しい世界でした。すぐにコロンビア人女性が私に近づいてきて祖国の言葉で話しかけてくれたので、私はまた安心し、とても嬉しく、元気になりました。

女性はこのうえなく親切な人でした。あの瞬間のことを私は一生忘れません。「ああ、可愛らしい人、あなたはとってもきれい。なんて素敵なのかしら」と言ってくれたのです。

あれから何年も経った今、私には彼女が何をしていたのかがわかります。人々の雑踏が行き交う空港の真ん中で、彼女は私に信頼と安心を与えようとしたのです。それから女性は私の体を頭の先からつま先まで吟味しました。「すばらしい。なんてことなの。あなたお姫様みたいにきれいよ。きっと有名になって大金持ちになるわ」。そう言われて、私は天にも昇る気持ちでした。

女性は私を東京の家に連れていきました。「少し眠りなさい。体を休めなくちゃね。きっととても疲れているでしょう。話は全部後でいいから」

私は眠りに落ちました。いったい何時間眠ったかわかりません。わかったのは、私の脚が蹴られている、ということでした。私は布団で寝ていました。

女性が言いました。「起きな！　ここに来たのは寝るためじゃないよ。仕事しに来たんだろう、そのことについて話すんだよ」。私は驚きました。「なぜそんなしゃべり方をするんですか？　まるで別人みたい。空港ではあんなに親切だったのに、こんな風に全然違う扱いをするなんて。いったいどうしたんです？」

するとと「私の金を返してもらわなきゃならないからね」と言うのです。「お金って、なんの話ですか？」と聞くと、「娘の治療費500ドル、私から借りてんだよ。それに飛行機代やらなんやら、お前にこのチャンスを与えてやったんだから、支払ってもらわないと」

「それなら安心してください。しっかり働いてお金は返します。500ドルはお返しします」と私は言いました。

「いや、5万ドル返さなきゃいけない」。いったい何のことを言っているのか、と私は訊ねました。「お前を解放するための値段だよ。ここから出ていきたけりゃ、私に5万ドル払うんだね」

涙が出てきましたが、なんとかして女に立ち向かい、抵抗する態度を取ることにしました。「警察に電話をしますよ。助けてもらって帰国します」

すると彼女は私に電話を渡して言いました。「じゃあ、電話すれば？　もしかしたら警察が理解して帰国させてくれるかもしれない。でもどうだろう、間に合うかしらねえ、あんたの娘の葬式に」

それは、私の娘を殺してやる、という意味でした。女は続けました。「それに、覚えておきな。私はあんたの母親がどこで働いてるかも知ってる。弟がどこに行ってるか、妹がどこの高校に通っているかもね」

なぜそんなことまで知っているのか、と私は訊ねました。でも、そのとき思い出したのです。ペレイラで、あの親切そうな男が次から次へと質問を浴びせてきたとき、ご丁寧にも逐一答えてしまったことを。ああ、なんてばかだったんだろう、と私は思いました。自分はわざわざ美しい銀のお皿に自分自身を載せて、この人たちに差し出してしまったのです。

私は泣きました。「なぜ私にこんな仕打ちをするの?」

「ほらほら」と女は答えました。「お前は売春婦になるんだよ。それだけのことだよ。いい子にして、私のために働く。そしたら何も起きやしない。私に金を払い、お前は働く、毎日お客を1人、あるいは20人、あるいは30人相手に働いて、私に返し終えるまでずっと働く。そしたら何も起こらない。金を返し終えたら、あんたと私はここから出ていって、お互いに再び会うことはない」

そういうわけで、私は18カ月のあいだ、ありとあらゆる売春を、ありとあらゆる場所でやりました。——路上で、ナイトクラブで、それからもちろん〝最後のお楽しみつき〟のマッサージ店で……。今では、いつもそう冗談を言うんです。だって、なかには「マッサージ？　どういうマッサージ？　売春だって？　本当に？」なんて聞く人がいるんですよ。そして誰もが私に言います。「なぜ逃げなかったんだ？」って。まるで、逃げるなんてことができたかのように！

最初の10日間は路上に立たされました。10日が過ぎる頃、すでに話がついていて、女は次の場所を手配していました。売春婦にはローテーションのようなものがありました。客はみな新人が来るのを楽しみにしているのです。後に、私は最低クラスの売春、反吐が出そうな仕事をやらされました。他のどれにしたって、いい仕事はなかったけれど、これは本当に最低で、こっちは裸で透明な床を歩かされて、客の男たちが下から見上げて私たちを選ぶというものでした。

女は毎朝私を迎えにきて、稼いだお金を全部取り上げました。いえ、常に、というわけではありません。ナイトクラブによっては10日間閉じ込められるからです。荷物はバックパック一つだけ。外に出てはいけない。決して。ただ働くだけです。

私は麻薬を強要されたことはありません。いつも大人しく言うことを聞いていたからです。おそらく私が一番従順だったと思います。ヘロインをやらされている年上の女性たちを見て、怖くてたまりませんでした。注射器を刺され、錠剤を飲まされ、何やら特殊なお茶も飲まされていました。何なのか知りませんが、とにかく変なお茶です。何もかも、とても体に悪いものでした。

反抗する者はみんな、薬をやらされました。嫌だと言っても無駄です。何があろうが、やらされるんです。女性の口を無理やり開ける。注射器を刺す。何が何でも摂取させていました。

私は決して薬に手を出しませんでした。年上の彼女たちを、薬を求めて懇願するその姿を、見ていたからです。もちろん薬のためには金を支払わないといけない。つまりマフィアにとっては一石二鳥の商売なのです。女性たちは麻薬を手に入れるために、余分に働かなくてはなりません。日々その姿を目の当たりにしていた私は、どうかああならないように守ってください、と神に祈りました。私の願いはただひとつ、一日でも早く娘の元に戻ることでした。

路上で働いていたときには、常にマフィアの男たちが車の中で見張っていました。彼らに先に支払いをしないと、一歩たりとも路上に出て稼ぎ始めてはいけない。10分以内に払えないときには、これでもかというほど殴られ平手打ちをされ、路上での流儀というものを骨の髄まで叩きこまれました。これが日本なのです。

そういうわけで、借金を返済し終えるまでの1年半、これが私の日常でした。マネージャーは毎晩スケジュール帳に私の支払いの記録を書き込んでいました。けれどもいつも借金の残高を増やそうとしました。たとえば「今週は遅刻したね、だから少し借りが増えてるよ」などと言うのです。

何度か具合が悪くなったときがあり、そうすると彼女は私を病院に連れていき、とても高額の治療費を払います。そして後になって、全額払うよう請求してくるのです。

「誰もお前のために泣いたりしない」

東京にいる間に、私はたくさんの女性と友達になりました。彼女たちの出身はさまざまで、特に中南米のコロンビア、ベネズエラ、メキシコ。それに多くのロシア人や中国人もいました。

それらの国では、人身取引は基本的にひとつのマフィアが仕切っています。国内の売春産業を支配することに加えて、他国のマフィアとも連携しています。たとえばコロンビアのある女がこの巨大な日本のマフィアとつながりを持ち、そこへ女性たちを送り込むのです。

私は自分が稼いだ金を、マフィアと直接の上司の両方に渡さねばなりませんでした。たとえば、マネージャーに5万ドルを払わされる、けれども彼女に連れていかれた先のナイトクラブでは、1週間そこで働くために、私が金を要求される。決まって、マネージャーではなく、私自身が支払わなくてはなりません。

サバイバーとなった今でも、残念ながら悪夢は終わりではありません。なぜだかわかりますか？　被害を受けている最中、私は無理やり、コロンビアにいる自分の友達や知り合いの女性たちに電話をかけて「とても素敵な仕事でたくさん稼げるから」、一緒に来て働こうと誘うよう、強要されたからです。

マネージャーにそのような電話をかけさせられたとき、彼女はいつも私の傍らで会話に耳をそばだてて、電話口の少女を操るために何をどう言えばいいのか、指示してきました。だから、私の回復はとても困難で複雑なのです。彼女たちに対してしてしまったことについて、罪悪感にさいなまれるからです。

私が電話でおびき寄せてしまった女性たちも、私とまったく同じことをしました。そこにとどまり金を払いました。払わないと殺される、だから払わないわけにはいかないのです。私の故郷のペレイラだけでも、女性が逃げ出して帰国したけれど殺されたという例が3件、別々に起きています。もちろん、毎回必ずそうなるわけではありません。一人逃げ出した人を見たけれど、追跡はされませんでした。

人身取引加害者の多くは、自分も被害者だったことがある人です。私のマネージャーもその一人で、15年前に被害を受けていました。私が支払った5万ドルのうち、おそらく彼女が受け取れたのはほんの少しで、大半をボスに渡さねばならなかったでしょう。マフィアの世界は階層社会なのです。

彼女は自分が所有する少女たちもいると言っていました。「私の女の子たち、私のベイビーたちよ」。それに仕事上付き合いのある人たちと、少女たち何人かを共同で支配していたようです。

おかしなことに聞こえるかもしれませんが、しばらくして、私は自分がとても良い扱いを受けていることに気づきました。マネージャーは決して私に手を上げなかったからです。私は完全に洗脳されていました。けれども他のマネージャーたちが女性たちを殴る様子を見れば、私への扱いはよっぽどましでした。少なくとも私のマネージャーは殴らないし、少なくとも私の体には彼女たちのような傷はない、と思っていました。

しかし本当を言うと、そうではなかった。私にも傷はあったからです。結局、それはトラウマとなって残っています。人身取引されるということは、心にタトゥーを刻まれることです。誰からも見えないけれど、いつもそこにあるのです。人々が今の私を見ても、きれいな服を着て普通の生活を送っているから、あれがいかに酷い痛みであったか、いかに深いトラウマなのか、誰にも想像がつかないでしょう。

マネージャーが毎日毎日私に繰り返した言葉を覚えています。「お前は売春婦だ、お前は生まれながらの売春婦なんだよ。覚えておきな。売春以外はやっちゃいけないんだよ。お前は売春しかできないんだ」

そしてこう付け加えます。「いいかい、お前をここで殺したところで、誰もお前のために泣いたりしない。お前の母親すらね。おそらくお前のことは忘れてる。お前の子どもだってそうだよ。お前は売春婦なんだから」

後日脱出してコロンビアに帰国したとき、私は助けを求めました。けれども助けてくれる人は誰もいませんでした。だから私は「彼女の言うとおりだった。誰も私のことなど気にかけていないんだ」と思いました。家族との関係を取り戻そうとしましたが、やはり元通りにはなりませんでした。

母が私を受け入れなかったからではなく、私自身が自分を汚れていると感じていて、自分を尊重できなかったのです。母親としての尊厳など、傷でボロボロになった身には皆無でした。自分が汚らわしくてどうしようもなく、娘を抱きしめることなどできませんでした。

それが、心理学的な支援を受ける前までの私の感覚でした。母が私を抱きしめてくれようとしても、私は誰にも触られたくなかった。ましてや、性行為などしたくありませんでした。金輪際、決して、です。

初めて今の夫と出会ったのは、カリブ海のアルバ島で友人たちと休暇を過ごしていたときでした。私たちの関係がうまくいったのは、私はコロンビア、彼はアメリカに住んでいて（彼はアメリカ人です）、身体的に接触せずに済んだからです。私にとっては理想的な関係でした。2年間、性行為なしでの交際で、Eメールのやり取りだけ。私をとても尊重してくれて、セクシーな画像を欲しがったりしませんでした。そうして、誰かと特別な仲になるということにおいて、私の中に信頼が積みあがっていきました。

けれどもそれまでは、誰とも話したくありませんでした。娘に触れることすら、したくなかったのです。

娘は今22歳で、とても良好な関係です。あのときのことを話すと娘はこう言ってくれます。「そうね、ママ、覚えてるよ。そばに行っただけでダメって言われて。ママはどうしてこうなんだろう？って不思議だったのを覚えてる。でも今は、ママのトラウマが理解できる」

家に戻ってからというもの、私が家にいるときに誰かが玄関のベルを鳴らそうものならもう大変で、私は食卓の下に潜り込んでいました。母は私が薬をやっているのかと思っていました。「お前はいったいどうしちゃったの？　なにを隠れてるの？　いったいなにがあったの？」

母は私が日本で売春婦だったことを知っていましたが、それでも理解できていませんでした。私がどんな目に遭ったのか、家族の誰も理解できなかったのです。「売春婦、たしかにね。でもそれがどうした？」と言う。でもみんなそのトラウマを、ショックを、わかってくれなかった。私に何が起きたのかを理解するのは、家族、きょうだいたちにとって、あまりに辛いことでした。

自分が被害者だと気づく

日本の話に戻りましょう。私には常連客がいました。マネージャーたちが私たちに店を転々とさせていましたが、買春客たちは行き先を知っていて、ついてきました。この常連客もそうでした。この男が、私がいつも泣いているのを知りながら、ひたすら通い続けていたことに、いまだに衝撃を受けます。私は泣いて「もうやめて。お願いだから優しくして」と言い続けていたというのに。

ほんの10分、長くても20分程度のサービスですが、3時間くらいに感じられました。永遠に続くのです。私たちがほとんど泣いてばかりいるのに、それでも客が通ってくるのが信じられません。こちらがいくら泣こうが気にしない。それが日本という国なんでしょう。ほかの国の男性であれば、もっと私たちの涙を気に留めるはずです。

私は泣きながら、自分は誘拐されてきたと訴えましたが、男は「いや、お前は誘拐なんてされてない」と否定しました。私がそのときどんな言葉を使ったのか定かではありません。日本語も英語もしゃべれなかったからです。つまり、自分が誘拐されたということを伝えるのは至難の業でした。でも彼はこう答えるのです。「お前は誘拐なんかされてない。手かせ足かせや鎖でつながれていないし、外を歩き回ったりできる。ナイトクラブでも見かけたし、マッサージ店にもいた。なのに、なぜ誘拐されたなんて言う？　なぜ嘘をつく？　もっと金をせびろうって魂胆か？」

私は紙を取り出して、コロンビアの国と小さな女の子が泣いている絵を描きました。そしてコロンビア、日本、暴力、お金、飛行機などのマークを描き入れました。すると男はようやく私を信じてくれました。「わかった、計画を練ろう。どうしたら逃亡を手助けできる？」私が5万ドルの支払いを終える日が、わずか1週間後に迫っていました。けれども、最後の支払いを終えた後、マネージャーが私を別のマネージャーに売り飛ばすのではないかと極度に恐れていました。そういうことが何度も起きるのを見ていたからです。

そこで男が私を助けてくれました。私が働く東京都心の大通りの角にあるマクドナルドに、ウィッグと上着を隠しておいてくれたのです。私は店内に入りウィッグと上着を着け、ゆっくりと店を離れました。交差点にいたポン引きたちも、こちらが見えなかったか、あるいは気づかなかったようです。角を曲がり彼らの視界から消えたとたんに、私は全速力で走りました。

常連客の男はあらかじめ地図とお金を用意してくれていました。皮肉なことに、コロンビア大使館は、何カ月ものあいだ私が働いていた場所からほんの3ブロック先にありました。私はそれを知らずにいたのです。

大使館にたどり着き、扉を叩きました。扉が開き、私は何があったかを話しました。「私は売春婦です」と言うと、相手の男性は「いや、あなたは売春婦ではなく被害者です」と答えました。「いいえ、私は売春婦です」「いえ、違います、あなたは被害者です」。私はついに叫びました。「わかってないわね。私は売春婦だって言っているでしょう。路上から来たんですってば」

そのときでした。そうだ、自分はたしかに被害者なんだ、ということに気がついたのは……。大使館の人たちは、もし事件として届け出るなら、私を支援してコロンビアで再出発の機会をしっかり用意する、と約束してくれました。

そこで私はコロンビアに帰国し、事件を届け、関係者の名前を洗いざらい、警察に告げました。ところが3カ月も経たないうちに私の申し立てはシステムから消えてしまいました。捜査の進捗を聞きにいくと、「何のことを言っているのかわからない」と言われたのです。まるで私の頭のねじが外れたかのような扱いでした。

そんなことがあって、私はひどく落ち込みました。役所に行って訊ねました。「心理的なサポートを約束してくれたはずですよね。その話はどこに行っちゃったんですか?」相手は翌週来るようにと言って、コーヒーと水を出してくれました。「あなたの話をカメラで録画して、来週来てください」と言うのです。「でも、助けが必要なんです」と私は訴えました。私は酷いトラウマを抱えていました。そしてひどく抑うつ状態

――になり、マフィアに再びさらわれるのではないかという妄想に苛まれていました。

眩暈がするほどの不条理

監禁の加害者に無理やり薬物を摂取させられそうになっても、決して手を出さなかったこと――性的人身取引ビジネスの一側面をうまく回避したこと――が、マルセーラを救うことになった。もし薬物に手を出してしまっていたら、おそらく今ごろはまだ日本にいただろう。あるいはとっくに死んでいたかもしれない。

彼女のように21歳で恐ろしい状況に押し込められ、まったく言葉もわからない国で、ただ命令に服従させられることを想像してほしい。ふつうは、恐怖と苦痛を和らげるためなら何でもするのではないだろうか。けれども彼女は、一度薬物に手を出したら、永遠に娘と会えなくなると理解できるだけの知性があった。薬物は意志を打ち砕き、破滅の決定打となるからだ。彼女は決して薬物に触れないという決心を貫いた。そのおかげで麻薬に毒されずに脱出し、娘と母親に再会できた。

そして今も元気にやっている。ここに至るまでに、コロンビアでの何年にも及ぶ辛い経験があったのだが、それは後述しよう。

ここでもまた、今日の奴隷制度がどのように機能しているかを、サバイバー自身が教えてくれている。事実、私たちがマルセーラから学ぶのは、そのビジネスモデルにおける最も核心的かつ重要な戦略だ——役人たちの腐敗によって、人身取引加害者たちはほぼ完全に、法の手から逃れることができている。

まず第一に、日本のマフィアであるヤクザ（暴力団）がいる。彼らはペレイラの街をはじめ、おそらくコロンビアじゅうの性的人身取引事業と強いコネクションを持っている。ヤクザは日本の地下世界を仕切っているだけでなく、組織の大物が、カクテルパーティーの席上で、国の著名な実業家や政治家と一緒にいるところを目撃されている。あまり法執行機関の干渉を受けずに、事業の遂行を黙認されているのだろうか。

第二に、マルセーラの事件が、捜査を依頼して3カ月もたたぬうちに、コロンビアのシステムから忽然と消えてしまったことだ。当局は彼女の話をさっぱり理解できないという体《てい》を装ったが、人身取引一味の誰かが政府の高官の誰かとコネを持っていたことが、明らかに見て取れる。あまりにもカフカ的不条理の一例だが、このような腐敗は至るところ——コロンビアだけでなく欧米、そしてもちろんアジアにもはびこっている。その結果、人身取引の加害者が起訴されることは、ほとんど皆無と言っていい。私たちは決まって同じビジネス様式を目にすることになる——ローリスク・ハイリターンだ。

この課題は世界中で変わらない。アメリカのある都市では驚くべき高い水準で共犯が行われていると聞いている。警察、判事、それに選挙で選ばれた行政官たちが積極的に性的人身取引に加担しており、しかも顧客としてだけでなく、時に自身が奴隷保有者になることもあるという。眩暈がするほどのこうした共謀関係は、イギリスやヨーロッパでも起きている。

反奴隷制の取り組みが地球規模の組織になっていないという事実も、他の組織犯罪に比べて奴隷制が低リスクである大きな要因だ。逮捕されるリスクがここまで低ければ、犯罪者は警察や検察に邪魔される心配をせずに、のうのうと犯罪稼業に手を染めることが可能になる。

世界中の国の政府予算を合計しても、奴隷制と闘うための予算は年間10億ドルに満たない。しかもアメリカ政府の予算がその大半を占めている。違法な1500億ドル産業に対抗するのに、たった10億ドルの予算もないのだ！　腐敗と強欲の大海に落とされる雫一滴、まさに焼け石に水とはこのことだろう。

結果として、世界の人身取引に係る起訴件数は、4000万人という奴隷の数に比べてあまりに少ない。2016年の起訴件数は1万4897件。2009年にはたったの5606件だったことを考えれば、これでも少しずつ増加している。

マネーロンダリングや麻薬密売買との闘いには巨額の予算を注ぎ込みながら、他人を奴隷にし人生を滅茶苦茶にするような輩の逮捕起訴となると、これほどまでに出遅れているのは、いったいなぜなのだろうか？　腐敗は大きな要因だが、それ以外にも多くの理由がある。

まず、奴隷労働は立証するのが非常に難しい。人身取引加害者たちは闇の中で動き、違法な取引の痕跡を残さず、連絡にも宣伝にも暗号を使う。私たち同様、彼らも事業の遂行にウェブを利用する。サイラス・ヴァンスが言うように「インターネットは21世紀の犯罪現場になっている」。無数の広告が掲載され、子どもも大人も繰り返し売られ、エスコート嬢の募集が行われ、ありとあらゆる仕事が斡旋される。SNSがこの産業の急拡大に拍車をかける。この同じツールを使いデータを分析する、法執行機関の加害者追跡の動きは鈍い。この点については、後述の解決編で再び触れたいと思う。金の流れをたどることで、奴隷保有者に行き当たることが多いからだ。

債務労働を合法的な労働や単なる売春に見せかけることは、比較的簡単だ。被害者たちはときに大きな労働者の集団に組み込まれる。イスラエルからドバイにかけて、売春宿へと人身取引された女性や男性は、自由意思で働く人々に交じり、カモフラージュされている。その違いとは、奴隷化されている人たちには報酬が支払われないことだ。同様のことが世界中の工場、鉱山、漁船などで起きている。

さらに、問題への認知が大きく欠如しており、検察官のあいだでさえ、自分たちの地域に奴隷労働が存在しているという認識がない。これは前にも書いたが、何度でも言いたい。これらの犯罪を止められる唯一の法的権限を持つ人々が、これほどまでに無知であるがために、多くの奴隷は奴隷として認知されることがなく、そのまま劣悪な環境下で衰弱していくか、売春や軽犯罪で逮捕されて、ますます脆弱な立場に追いやられることになる。

ジェニファー・ケンプトンの体験も、この問題を反映している。ジェニファーとNGOの同僚が指摘するのは、オハイオじゅうの町という町に存在する、組織的な無知の蔓延だ。まず定期的に人身取引被害者が売春婦として一斉検挙される。アメリカのほとんどの州で売春は違法なので、女性たちは投獄されることになってしまう。

さらに、検察官のほとんどは、人身取引事件を追及できるだけの技能を持ち合わせていない。しかも強制労働事件を摘発するには、人身取引の定義の中核となる暴力、詐欺、強制力の存在を証明することが、常に難しい。これらの行為を証明しなくてもよいマネーロンダリングの方が、強制労働よりはるかに摘発が簡単だ。

最後に、政府の上層部での認識が低いために、これら多くの人手を要するケースに投じられる資源が、あまりに少ない。

この自己強化的な悪循環から抜け出すことは容易ではなく、それは、状況を明確に把握し、これらのおぞましい犯罪に厳罰を望む検察官のような者にとってでさえ、そうなのだ。

現に不処罰が大手を振って行われている様子は、第2章で取り上げた英国の性的人身取引サバイバー、セアラの経験を通しても見ることができる。セアラは被害に遭っている期間中ずっと学校に通っていた。養父母の元で定期的にソーシャルワーカーとも会っていたにもかかわらず、12歳のときからの7年間彼女に何が起きていたのか、誰も気づかなかった。セアラを担当した福祉の専門家も皆、彼女が夜ごと奴隷保有者に売られて疲弊し、トラウマを抱えていたことを見過ごしていた。

セアラの状況に行政がまったく気づかなかった最たる例は、フランスへの修学旅行中にも、加害者たちがセアラを顧客に会わせる算段を行っていた事実だ。引率の教師の誰一人として、夜、彼女が宿泊場所にいないことに気づかなかったのだ。

セアラが語っているのは、これほどの長期間にわたって子どもが搾取されるのを許し、しかも加害者たちが捕まらずに、今日まで平然と公道を闊歩できるような「システム障害」だ。セアラの救出後、英国警察はこの件を事件化した。セアラはすべてを話し、法廷で証言する心づもりだった。ところがその後、事件の主犯格が死亡すると、起訴が見送られてしまったのだ！　加害者たちは今も自由に操業している。その結果、セアラの身の危険は続き、公の場で話す際も本名を明かせなくなった。

被害者よりも守られている加害者

当然ながら、奴隷産業は需要がなければ存在しえず、反人身取引活動家たちの指摘によれば、買春客（またはジェニファー・ケンプトンの言葉を借りるなら「強姦の購入者」）が訴追されることは、まずないと言っていい。12歳、13歳、あるいはそれ以下の児童の性的人身取引においてさえ、多くの場合そうなのだ。ある専門家が言うには「顧客の名前や顔写真は決して新聞に載らない。載るのは被害者の写真だけ」。加害者に金を払い、子どもだったセアラの性を買った男たちは、誰一人、捜査すらされていない。

しかし、状況は変わりつつある。2019年2月にはフロリダで性奴隷産業への周到な摘発が行われた。8カ月に及んだ捜査の末、警察と法執行機関は、売春宿の隠れ蓑であることが多いマッサージ店を舞台とする、人身取引集団を解体させた。被害者の中国人女性たちは、アメリカの保養地での「マッサージ・セラピスト」の仕事に勧誘されたのに、施設に監禁され週7日間休みなく客への性行為サービスを強要された。警察は女性たちを逮捕するのではなく、人身取引犯罪者と、彼らのサービスを利用していた男性客たちを摘発。そこにはNFLニューイングランド・ペイトリオッツのオーナーである資産家、ロバート・クラフトも含まれており、一斉に彼の顔写真が報道された。

クラフトが有名人であったために、このニュースは世界中の見出しを飾ったのだが、私が真に重要だと考えるのは、警察が、これまでのように女性たちを売春容疑で逮捕するのではなく、人身取引加害者たちを追跡し、長期間にわたる綿密な捜査を行ったという点だ。マッサージ店の一斉摘発に踏み切る前に、法執行機関は、顧客に加え、被害者を管理していた女性加害者たちの身元をも特定していた。これは適切な救出作戦だった。

性的人身取引を認知し証明するのが難しいとすれば、強制労働についてはなおさら困難だ。強制労働のケースを訴追する検察官はほとんどいない。かつて2017年に、地方検事のサイ・ヴァンスが私にこう言った。「警察その他の捜査機関からは、これまでにただのひとりも、強制労働の加害者を特定してわれわれの事務所に来た人はいない。理由の一つは、私の知る限り、これらの捜査機関がこの問題に関知していないからだ」。つまり、労働分野の人身取引に対して投じられる資源は、深刻なまでに欠乏している。

資源の欠如は法執行機関のあらゆる階層で起きている。たとえば性的人身取引が蔓延しているオハイオ州コロンバスでは、その問題への対処にはたった4名の警察タスクフォースが配されているだけだ。4名では、追及できても通報件数のせいぜい1割どまり。反人身取引の働き手たちによれば、一般の警察に人身取引の証拠を持っていっても、関心を示されないと言う。警官たちはそれが自分の仕事だと思っていないのだ。特別班に任せればいい、というわけだ。コロンバスでは、いや他の多くの場所でも、完全に部署が分かれてしまっている。

検察は、奴隷労働が起きていることを証明するために、証人ないし証拠（金融データなど）が出てくることを求める。だが被害者が消極的になるのは故なきことではない。名乗り出れば多大なリスクを背負うことになる一方で、法執行機関は実質的な保護策を取ってはくれないからだ。

強制労働の加害者の活動はもちろん完全に不透明に保たれているため、処罰されることはまずない。強制労働事件が起訴までに長い月日を要するのは、立証があまりに複雑な犯罪だからだ。そのため検察はより容易に立証できる、密入国や不法移民蔵匿などの罪で犯人たちを起訴しようとする。

これらの訴状は人身取引より刑が軽いというだけでなく、被害者自身が、罪を犯したと見なされてしまうことを意味する。不法に国境を越えただとか、誰かの家に居住し違法な家事労働に従事している、などといったことが引っかかってしまうのだ。

そのような理由で、奴隷にされた人々は、当局に状況を報告するのを怖がることが多い。その最大の要因は、警察に話せば家族や親しい者を殺すぞという加害者たちの声が、被害者の耳から離れないことだ。だからこそ、マルセーラは加害者に服従し沈黙を守った。同様にセアラも、もし誰かにしゃべったら家族や友人の命はないと加害者たちから脅されていたと語っている。

国境を越えて人身取引された場合、この問題はより一層深刻になる。「外国籍の被害者にとっての問題はこうです。『もし私が一歩踏み出してあなたに保護してもらえたとして、あなたはどうやって故郷の私の家族を守るつもりですか？　私は小さな村の出身で、加害者もその村の人間。誰もが顔見知りなんです。奴らは私の家族を苦しめるでしょう』。なるほど、その不安はもっともです。一地方の検察官の立場では、被害者家族を守ることは難しいのです」。こう語るのは、ニューヨークのサイラス・ヴァンスの片腕である、カレン・フリードマン・アニフィロだ。

暴力や殺人の脅しが効くのは、強制労働より性的人身取引の方だ。無給の仕事を強制されたサバイバーの損害賠償訴訟を手伝っている、ワシントンの辣腕弁護士マーティナ・ヴァンデンバーグは、強制労働事件の依頼人であれば、当局と話し加害者訴追に協力することにおおむね積極的だと言う。ところが性的人身取引事件の場合は消極的なことが多い。「もし彼ら被害者に実際に協力してほしければ、証人の保護、財政的援助など、とにかく何かを差し出さなければ」とヴァンデンバーグは言う。「何も手を差し伸べないでおいて、協力してもらおうだなんて虫が良すぎる」。人身取引裁判においては、被害に遭ったばかりの人を保護することが肝要なのだが、今のところどこの政府も、多少なりとも必要な保護を行っているとは言い難い。

トラウマによる束縛

起訴を免れるための人身取引のテクニックは、ほかにも山ほどある。頻繁に使われかつ効果的なのは、被害者を犯罪そのものに加担させる、または他の副次的な罪を犯すよう仕向けることで、被害者による警察への通報を阻止するというものだ。マルセーラの例をはじめ世界中で私が出会った人々のように、被害者自身に他の女性や少女を勧誘させるという手口は、彼らに罪を着せて沈黙させる、非常に強力で効果的な方法だ。

また、奴隷保有者と奴隷化された人の間の複雑な関係性や愛着が、被害者が一歩踏み出し協力することを阻む場合がある。多くの場合、人身取引加害者は被害者を妊娠させたうえで、赤ん坊を自分たちの〝商品〟に対する〝てこ〟として使う。そんな状況に置かれた被害女性が、加害者に不利な証言をすることは、まずない。

ヴァンスが指摘するのは、被害者が加害者に絡めとられるまた別の手口、心理的束縛だ。「DVや高齢者虐待などにも見られる手口です。愛情もあり頼りにしている親しい相手から被害を受ける人は、その相手に抵抗するのが怖いのです」。ジェニファーも、加害者の真の意図を見抜けなかったと説明していたが、それは彼がグルーミングに成功していたからだ。何年もの年月を経て、しかも相手の残酷さがエスカレートして初めて、彼女はその状況を明確に見ることができた。

サバイバーズ・インクの事務局長、メアリー・フィッシャーによれば、トラウマによる束縛というこの現象は、現代奴隷制においてもDVにおいてと同様に機能するという。「夫との関係があまりにひどく、四六時中殴られていたとしても、女性はそれでも夫を愛していま す。認知が歪んでおり、自分が値する、いや自分が得られる唯一の愛情はこれしかないのだ、と思い込んでいる。女性は愛情と忠誠心を夫に注ぐ、つまり、夫に縛り付けられているのです。どんなに虐待を受けようが、彼女の愛情が揺らぐことはありません。実際、むしろますます愛情が高まることにもなります。なぜなら、私をもし愛していなかったら、彼はあれほどまでに怒ったり焼きもちを焼いたりしないはずだ、と考えるからです」

たとえ被害者が名乗り出たとしても、検察は多くの場合、その人物の証言だけに頼らざるを得ない。ところがトラウマ（心的外傷）のせいで、被害者やサバイバーが語るストーリーは、時系列や事の詳細などに関して一貫性に欠けることが多く、それでは詳細な検分に堪えられないということになる。

この問題について話してくれた専門家はみな、これを虚言と混同してはいけない、と語る。記憶がPTSDによって影響を受けている結果なのだ。被害者によくあるのが、囚われている間の時間の感覚が失われることだ。これは容易に理解できる。恐怖と絶望の世界に置かれ、自らの意思決定の機会は奪われ、記録をつけることもままならない。時系列も出来事も事実も何もかもが記憶の中でごちゃまぜになっているため、検察官もその話が信用できない、あるいは、物語を一貫性のある事例として組み立てるのを断念してしまう。

決して忘れてはならないのは、被害者の多くが、自身が人身取引に遭っていることすら気づいていないこと、そしてその理由のひとつとして、奴隷所有者から巧妙に権利意識をはぎ取られていることだ。マルセーラが路上から抜け出してコロンビア大使館に向かった際、門を開けた男性職員に向かって何度も、自分は売春婦だと告げた。あなたは被害者だと告げられた後でさえ……。自分の身に起きたことは間違っていると完全に理解していながら、それは自分のせいだとなぜか思い込んでいたのだ。

アメリカ人のある反人身取引専門家が、似たような話を報告している。多くのサバイバーたちが、人身取引という事柄について情報を得て初めて、自分の身に起きていた現実を理解するという。『ああ、それは私の身に起きたことだ』とサバイバーたちは言います。私は彼女たちの顔を見て言うのです。『そうよね。でも私には、それがあなたの身に起きたことだと告げることはできない。あなた自身が、自分の身に起きたことなのだと理解しなくては』と。だって、彼女たちの多くは理解していないんですから」

第5章　奴隷化の心理的影響

ジェニファー・ケンプトンは、自身に何が起きているかに気づいていないタイプの被害者だった。先に見たように、最愛の恋人が人身取引加害者になったのに、何年もの間、その状況がはっきりと見えていなかった。彼の手により、非常に暴力的なギャング一味の手中に落ちたにもかかわらず。

先ほどは、オハイオ州コロンバスにあるクラック密売所の地下室で自殺を試みた場面で、いったんジェニファーの話を中断した。自殺は失敗した。首を吊ろうとしたロープがしっかり固定されておらず、足が床に着いたのだ。その時点で人身取引に陥ってからすでに6年半が経っていた。それは人生を変えた瞬間だったのだが、その後も困難な時期は続いた。

以下はジェニファーが私に語ってくれた、彼女の物語だ。

再出発をはばむ壁

床に落ちてしまい、腹が立ってしかたがありませんでした。私には、死ぬことすら……この惨めな人生から降りることすらできないんだ、と。いつだって私はこのままなんだ——役立たずでクラックまみれ、ヘロイン依存症の売春婦、ただの肉の塊。使い倒され、虐げられる存在。それほどの価値しかないんだ、と。

ところがそのとき、どこからともなく声が聞こえたんです。「お前に目的を授けよう。それは、クラック密売所の地下室で死ぬことなどではない」と。そこで私は座り込んで、今起きた出来事に意識を集中させました。私にとって、かなり強烈な、霊的な瞬間でした。だって、何についても何も知らなかったし、愛も慈しみも受けたことがなかったのです。自分の人生に目的を持てるだなんて、想像したこともありませんでした。だから、それからの2時間、私はたっぷり考えて思いを巡らせたのです。

結局私は地上階に上がり、外で稼いでくる、と連中に伝えました。もし別のことを言ったら出してもらえなかったでしょうし、生きていられたかどうかもわかりません。

実際に私がしたのは、助けを求めることでした。ここでもう一度、私が何一つ資源を持っていなかったことを強調しておきます。医療保険に入っていなかったので、病院には行けません。だから自殺防止センターに行きました。けれどもその保険の状況のせいで、行き先はすぐには見つかりませんでした。それでも親切なことに、どこかで保護できるまでホテル代を払ってくれると言います。1週間以内には必ず行き先を見つけるから、と。

ところが、職員たちが私を宿泊させようとしていたホテルが、例の加害者たちの家から目と鼻の先だとわかったのです。私はまさにその自殺防止センターで、悪魔の元に戻されるぐらいなら自殺してやる、と脅さなくてはなりませんでした。別のホテルが手配され、その後、自殺未遂者を扱う病院に送られました。私の首にくっきりと刻まれたロープ痕のせいで、保険に入っていようがいまいが、病院は私の入院を認めざるを得ませんでした。

最終的にはある生活共同体に行き着き、私は人生を再出発させました。けれども生易しくはありませんでした。仕事に就くことができなかったからです。

なぜなら、私には窃盗の前科がついていたから。家もなく下着もなかったときに、シアーズ百貨店で下着2着を盗んだから。加害者たちは下着すら与えてくれませんでした。だから盗むほかありませんでした。

仕事に就くのが難しいのは今も変わりません。草の根の非営利団体を立ち上げ、逆境を克服して立ち上がり、これほど色々なことができるようになったのに、それでも、マクドナルドのレジ打ちのような単純労働にすら、就くことができません。いまだに、私は犯罪者として見られています。

私には人身取引による犯罪記録抹消の権利があります。当局が私を人身取引被害者と認定しているからです。けれどもオハイオ州では、それで抹消できるのは勧誘、客引き、売春の記録だけなのです。現在、犯罪記録抹消法にほかの項目も追加する改正法案が審議されています。人身取引被害を理由とする麻薬犯罪や窃盗罪、あるいは人身取引加害者に言われて他の女性を殴ったりした場合の暴行罪などです。アメリカ国内のいくつかの州ではこの拡大された犯罪記録抹消法が成立しており、オハイオ州も後に続こうとしているところです。司法委員会で証言もしたし、州の立法議会に法案が提出されたので、法案支持者として証言する予定です。かなり明るい見通しです。

そういうわけで、仕事に就くことができず、生きていくだけでも本当に大変な日々でした。もう麻薬からも飲酒からも足を洗っていたので、PTSDと不安に対処しようと強い決意をもっていました。すべてが格闘でした。回復というのは決して生易しいものではない。そこから本当の意味での作業が始まるんです。地面に思い切り叩きつけられてから――。

数カ月後にやっと、ちょっとした仕事にありつきました。まだまだ多くの障害を乗り越えようと努力していたけれど、なんとかやっていました。けれどもまた別の奴隷の鎖があったのです。

焼き印

まだ交際が始まったばかりでセイレムが私をグルーミングしていた頃、私はハートの中に旗を描いたタトゥーをデザインしました。旗の部分を空白にし、いずれ自分の子どもたちの名前を入れるつもりで、背中に彫りました。ところがセイレムがタトゥー職人に金を払って、自分の名前をその旗の部分に彫り込んだのです。そのときの説明はこうです。「ああベイビー、君をどれほど愛しているか伝えたいんだ。どれほど君のそばにいたいか、どれほど君の背中を支えてあげたいか」。ところが私を売っていた頃、彼の言い分は一変しました。「ベイビー、お前はどこにも行けない。お前の背後にはいつも俺がいる。お前は逃げられないんだよ」

妊娠がわかって私が戻ってきた夜、彼は私が自分の手からすり抜け、コントロールが及ばなくなったと考えたようです。私が別の加害者と1週間半も不在にしていたからです。そこで彼はタトゥー職人のところに私を連れていき、「セイレムの所有物」という文字を、私のヴァギナの上部に彫らせました。

私が売られて他の人身取引加害者たちに拘束されたとき、彼らは私の新しい所有者として、私に別の焼き印を施しました。「グレッグ」と「シド」という文字を私の首に彫り込んだのです。バスルームに行くたび、シャワーを浴びるたびに、加害者の名前が目に飛び込んできます。鏡をのぞくと、私を見返している自分は、あの夜あの地下室にいた女なのです。自分の不幸から逃れるために死ぬことすら、できなかった女です。私はまだ、自分は何者にもなれないのだと思っていました。見えるのは、あのときの女だけ。それしか感じることができませんでした。

ある日、私は救世軍の支援者にその話をして、「〜の所有物」のタトゥーを消去する日が待ちきれないと告げました。相手は「待って、なにそれ？『〜の所有物』ですって？」と衝撃を受けていました。支援者ではあっても、こういう類いのものは見たことがなかったのです。彼女が家族にその話をすると、タトゥーを消すのにいくらかかるのか訊かれたそうで、私はおそらく200ドルぐらい、と答えました。すると彼女は「これを使って。あなたのよ」とお金を渡してくれました。

私も、さすがに6年半も路上で過ごしてきて、泣き落としの術の一つも身に着けていないわけではありません。友人の友人である彫物師のところへ行って頼みました。「見て、私には200ドルしかなくて、その額じゃあ隠せるタトゥーはせいぜい一つだけだってわかってる。でも私には三つも大きなタトゥーがあるの。背中には、加害者が私を決して離さないと宣言しているやつ。ヴァギナの上には所有者の名前。それに首のグレッグとシドのやつで、これ、訊かれるたびに説明しなくちゃならないの」

私が逃げたい、忘れたい、と思っている事柄を常に思い出させるのがタトゥーなのだと、私は彫物師に言いました。それらは所有と暴力を表す印であり、すべて覆い隠すことができるなら、私は頭を高く上げて生きていくことができる、と。

その彫物師は引き受けてくれました。まずはあまりに目立つ、首のグレッグとシドの名前です。私はそれを闇の中に咲く花で覆いました。とても象徴的に思えたからです。けれども今は、それもすべて除去する作業を行っている最中です。やはり、自分を特定できてしまうから。私は髪を切って染め、外見を変えることで、身の安全を第一に、最大に、保とうとしています。けれどもこのタトゥーがある限り、私はここにいるよ、とふれ回っているようなものです。レーザー除去術には時間もお金もかかる。14〜16回、レーザー照射を浴びなければならない。でも、多少は傷が残るけれどさほどではなく、インクはすべて抜けるそうです。これをやりたいんです。

その最初の上彫り施術を受けている最中、私は眠ってしまいました（いびきが録音されていました）。そのとき私は、あの麻薬密売所や路上での生活に引き戻され、あの私の兄弟姉妹、いや大半が姉妹たちでしたが、私と同じように焼き印を押された人々のことを思い出しました。

そのときです、私が自分の使命を自覚したのは。私はこの自分がたっぷりと受けている自由と優しさと慈しみの「恩送り《ペイ・フォワード》」をしなくてはいけない。ほかの誰かが自分の体を自分のものとして取り戻す、手助けをしなくては。

私は、知り合いのサバイバーたちがタトゥーを覆い隠すための手助けをしよう、と考えました。プレゼンテーションを準備して、ある非営利団体に、合法的に寄付を募るために彼らの傘下で私のプロジェクトを運営させてもらえないかと掛け合いました。

調べはじめてみると、加害者の名前がスワブというため「スワブの家」とまぶたに刺青を彫られた13歳の少女たちや、額にドルマークを彫られた少女たちの写真に出合いました。スペインのマドリッドでは、所有していた少女たちにバーコードを刺青したことで多数のポン引きが逮捕されて大騒ぎになっていました。少女たちは脚に加害者たちの名前をいくつも彫られ、うち一人などは、彼女が主人に服従するために従わなければならない規則のリストを、背中に彫られていました。恐ろしいことです。

こういった焼き印を目の当たりにして、私は考えました。なぜこれがもっと大問題にならないんだろう？　まるで牛のように人間に焼き印をつけているというのに、それに今は2014年だというのに。いったいなぜこんなことが起きるのか？　その非営利団体は、了解してくれました。私は自分の活動を進めていけるだけでなく、その組織の理事になりました。私はただちにプロジェクトに取りかかり、自分の物語を話すことで、他の被害者たちの上彫り資金のために寄付を集めました。

長い長い時間がかかったように思えます。でも実際には、被害者としての生活を

2013年4月に抜け出し、2014年の2月には、自分で団体を立ち上げて活動していました。その間、1年もかかっていないのです！

かなりすごいことだと思います。小さな地域での活動として始まったものが、今では海外にもサービスを提供しています。最近ではイギリスのある女性を助けました。彼女は5歳のときに母親によって脚に「淫売」と彫られたのです。母親は後に彼女に売春をさせるようになり、成長して刺青が消えるたびに、また彫り直す。けれども今は彼女の脚には美しい戦士が彫られていて、その傷に目をやれば、いつでも戦士を見ることができます。すばらしいことです。

そしてこの芸術的な作業の中で、サバイバーたちに、どこでも好きなところで外食しておいでと送り出します。交通費もこちら持ちです。サバイバーたちは一日中、自分の体を取り戻したことを祝うことができ、自分がどんなに特別な存在か、また生き延びてくれたことを私たちがどんなに大切に思っているかを実感するのです。

私たちはこうして傷やタトゥーを彫り直して覆い隠します。タトゥー除去のサービスも提供しています。ほとんどのサバイバーは除去よりも彫り直しを選びます。その方が力を与えられるからです。彼女たちが言うのを聞いたし自分の実感からもわかるのですが（もちろん誰にでも当てはまるわけではありませんが）、この醜く心えぐられるような憎しみと暴力の痕跡を、美しく象徴的な別の物に変えることは、とても大きな力を与えます。

思うにそれは、生き延びたという事実そのものの象徴です。灰が美に変化するのです。
けれども私たちは除去も少し始めています。暴力で受けた傷痕についても、彫物師たちとともに、煙草の火傷などの傷を覆い隠します。私の脚はまだ煙草の火傷だらけです。団体の資金を自分のために使いたくないんです。

伝えることの大切さ

その他に、他のサバイバーたちが政策提言や啓発や研修を行う手助けをしています。私も国土安全保障省で研修の講師を務めています。著名な人々に研修を授け、学校での講演も引き受けます。予防のための教育として、人身取引加害者が人を操るテクニックや被害者を見つける方法などを話しています。

学校で子どもたちに話をするときにはいつも聴衆の年齢に気を遣います。けれどもほとんどの場合、私は恐ろしいほど正直に、子ども時代の状況のせいで、何かに帰属し受け入れられることを欲するようになったと話します。レイプによって始まったこと、誰も信じてくれなかったこと、話もしなくなったこと。どのようにしてそれらを押し殺し、脱法ドラッグに手を出したかを説明します。心にあいた穴、自尊心の低さについて話します。虐待について話し、どう感じていたかを語ります。

教室いっぱいの生徒たちが集まりますが、もしかしたら彼らも、自尊心の低さに身に覚えがあるかもしれない。ここの二人は身体的虐待を経験しているかもしれない。こちらの生徒たちは脱法ドラッグについて知っているかもしれない。最初は遊びだと思って始めても、だんだん深刻になってしまうことも。それがどんな結果を招くのかもわかってくれる。講演はいつも好評です。

つい最近、私が話をしていると、一人の女子生徒が講演の真っ最中に立ち上がって、「勇気をもって話をしてくださってありがとう。私も今、同じ目に遭っています」と言いました。とても深刻なグルーミングを受けていて、ほとんど実際の被害に遭う寸前まで行っていたのです。

研修が彼女の人生を救った。これは大事なことです。

人身取引された少年少女たちにも出会ったし、母親が、あるいは従姉妹が、姉妹が、人身取引に遭った少年少女たちにも出会ってきました。こういう類いの話題を口にするきっかけや、言葉にする必要を欲していた、あらゆる子どもたちにも出会いました。子どもたちは言います。「うわ、そうなんだ、ママは人身取引の被害者なんだね。ママは淫売なんかじゃないんだ。この問題の本当の姿がわかった。路上の売春婦や薬物依存になるのは、それを選んでるんじゃなくて、別の理由もあるんだよね」って。教室中の空気が変化するのがわかります。これらの人々をあるひとつの見方で見ることから、「そういう人たちを助けるにはどうしたらいい？　犯罪者扱いするんじゃなくて、彼らを助けてあげたい」に変わるんです。

子どもたちが知っておくべきことは、教科書では学べません。代数だの会計学だのを学んだところで、街角を曲がった先にある危険、あるいは自宅の中にすら潜んでいるかもしれない危険から、守られるわけではない。現実にある危険と、その対処法を教わる必要があるのです。

多くの親そして学校が、子どもたちを刺激したくなくて、私が行っているようなプログラムの導入を躊躇していることは知っています。けれども日常に潜む危険に気づくために必要なツールを与えることによって、子どもたちを守らなくてはなりません。私はこれまで2年間、学校に講演に行っています。本当にすばらしい経験です。

それから国土安全保障省とも仕事をしています。路上にいた頃、警官たちに助けを求めても、「お前はただ、金をもらえないから不満なんだろ」と言われたものです。ですから、警官たちに向かってこう言ってやれるのは気分がいいものです。「私のことを、ただの薬物依存症の淫売だという目で見てましたよね。あなたにとっては、そんなものだった。けれども言わせてもらいます。パトカーで通り過ぎながら、街角に立っている女をそういう目で見ているんでしょうけど、その顔の裏側にはそれ以上のものがあるんです。私の顔に薬物依存症の淫売を見るのではなく、レイプされたのに信じてもらえず、打ち捨てられた12歳の少女を見てほしい。いつだって、何か違うものが見えてくるはずです」

国土安全保障省での研修では、本省の職員、特殊部隊員、州警察の警察官とともに活動します。チームを組んで、法執行機関の担当官たちや社会福祉の職員たちに話をします。その後も来て学べるように、継続的な研修の単位を提供しています。このチームでは、ある人は深いレベルの話をし、ある人は州レベルの話をし、私は人生の現実について話をします。ともに活動することによって、包括的な視点を提供できるのです。受講者は何も知らないので、山ほど質問してきます。

心理学者やソーシャルワーカー、あるいは児童福祉の仕事をしていて、このことを知らないでいるなんて、どうしてありえるんでしょうか？　私が3歳の頃から、児童福祉は身近にありました――なのに私はひどく殴られていたんです。彼らは年に何度も私の生活圏内に現れました。私の脚は青あざやミミズ腫れだらけでした。なのに何もしてもらえず、放っておかれました。

社会の中でわれわれは子どもたちに、「知らない人は危険だ」と教えます。けれども、実は娘に性的虐待を加えながら被害者に沈黙を強いている、一見過保護なだけに見える隣人のことは、眼中に入っていません。あるいは子どものサッカーの送迎はしているけれど、殴りこそしなくても心理的虐待を加えているアルコール依存症の母親のことも。

あるいは年に一度、休みのときに訪ねてくる従兄弟に幼い少女が怯えているということも。すぐ目の前で起きている出来事も、実際には私たちの目に入っていないのです。

だから児童福祉界隈の人たちに、私がどんな現実に見舞われ、どれほど酷い扱いをされたかを話すことが大事なのです。そういう危機的な状況に正しく対応するように、サバイバーやトラウマに関する知識を持ち思いやりをもって接するように、彼らから警察官に伝えることができるはず。仕事をしっかりやるにしても、そこで思いやりや優しさを示すことができないわけではない。そういうことがあまりに足りていない世の中なんです。

次の日には、もしかしたら彼らもどこかで目を覚ましてくれるかもしれない。小さな男の子から、「大丈夫、ぼくが悪かったんだ。ぼくのせいなんだから」などと、親から叩き込まれたとおりの返事が返ってきたときに、もしかしたら児童福祉の人たちがあざを見つけて、本当は何が起きているかに気づくかもしれない。だから私が出かけていって、知識や経験を共有することは、本当にやりがいのある仕事なんです。

「神が私を探し続けてくれていた」

いずれは、大学に戻って企業経営を学びたいと思ってます。応用科学の準学士号を取って、その後は学士号を取るつもりです。非営利団体や社会事業を始めたいと思っているサバイバーたちの、手助けができるようになりたいのです。自分のアート作品を売りたいと思っている人や、自分の本を書きたくて手伝ってほしい人が、いるかもしれません。

サバイバーズ・インクの事業を運営していくプロセスの中で、多くのパートナー関係やネットワーク関係を築いてきました。たくさんのすばらしい人々と出会いました。それらの関係の上に積み重ねていくからこそ、サバイバーたちと人的物的資源とをつなげたり、あるいは低費用で事業を始められるように手助けできます。

自分の学位を使って、これらのことに再投資したいと思っています。多くのサバイバーは薬物やアルコール依存症のカウンセリングを受けますが、私自身はそういうことの担当はできない。自分もトラウマを抱えているので、もし他人と直接関わったら、トラウマが再発するかもしれない。相手の痛みをもろに感じてしまうからです。私にできることは、資源を見つけること。そしてつながりを見つけること。学位を取れば、やっと自分は役立っていると実感できるでしょう。私にはその価値があると思っています。

自分が成功できると感じるまで4年かかりました。馬鹿みたいですが、自分はいつも失敗すると思いこむ性分だったんです。それと運動もして、身体的にも自分を取り戻そうとしています。すごくいい感じです。色々なことから一歩下がるようになりました。

何もかもやろうとするのをやめたんです――なぜなら、他人にすべてを注いでしまい、自分には何も与えないことになってしまうから。自分には価値があると思っていなかったからです。

私は今そういう変化の只中にあります。昨夜もこの［2017年4月、トラスト・カンファレンスのパネリストとして講演したワシントンDCの］ホテルに泊まって、部屋から出ませんでした。熱いバブルバスに体を沈めて、食事はルームサービスを頼みました。自分自身のケアをしてたんです。自分にこう言い聞かせました。「ジェン、携帯の電源を切ろうか。『自分時間』を持ってもいいはずだよ。四六時中、他人の問題を解決してあげる必要はないよ……ちょっと自分の時間を持とうよ」って。

こんな具合に、自分の中で変化が生まれています。もちろん他の人の手助けはしていますが、自分の闘いをもっと賢く選ぶようになりました。すべての闘いに首を突っ込むことはしなくなった。オフの時間に自分を鍛えて、それから、闘いに挑むことにしたんです。

この4年間の回復期間を振り返って気づくのは、人身取引から逃れても、また別の地獄に落ちるんだということです。仕事や家を探さなきゃならないし、トラウマを抱えて精神的な問題もあるし、前科のせいで仕事に就けないという事実にも向き合わなければならない。さらには人身取引に遭っていた間に積みあがってしまった養育ローンを返済しなくてはならない。息子は父親と住んでいてもう18歳なので、借金がこれ以上増えることはないんですが、彼らが住んでいるインディアナ州に対して、私には2万ドルの返済義務があるんです。

最初に回復しかけのとき、いいセラピストを探すのがとても大変でした。精神科医、セラピスト、トラウマのカウンセラーは山のようにいるけれど、私はメディケイド（医療扶助制度）にかかっていたので、こうした専門家にアクセスすることはできませんでした。私は女性の精神科医に診てほしくて、それも人身取引についてきちんと理解している人が必要でした。患者の私と相性が合うことも大事です。

そんな女性の先生をついに見つけました。1年ほど前のことです。実際、精神科医に関して私はとてもラッキーだったと思ってます。私はトラウマ支援プログラムに通っていました。路上から抜け出した直後に出会った男性の精神科医が、それまでの診断をすべて覆して、私はPTSDだと正しく診断してくれたからです。やっと、です。その先生は帰還兵専門病院から移ってきた人で、私の症状を正しく診断して治療してくれました。私に必要なのは投薬ではなく、私の不安とPTSDに対応するための集団療法だったのです。

その過程で、集団療法士が私を自分の上司である女性の先生に紹介してくれました。私のケースに対してどうしたらいいかわからなかったからです。その先生はたまたま、人身取引タスクフォースのメンバーで、すべてを理解していました。それって、百万分の一ぐらいの確率なんですよ。私はどんなプログラムに入れられていてもおかしくなかったし、人身取引のことを知らない精神科医なんてざらにいます。この人が私のことを助けてくれました。私は今、いかに胸を張って歩んでいけばいいのか、そしてその道すがら、どうやって他の人たちを手助けできるかを、学ぼうとしているところです。

この会話の最後に、私はジェニファーに、神を信じているかと訊ねた。以下が彼女の答えだ。

ええ、信じています。神が私を探してくれていたことを確信しています。長い闘いでした。私は神に対して怒っていました。神を呪い、「なぜあなたはこんな仕打ちを許しているのか？　あなたはどこにいるのか？　あなたは全能なのに、なぜこんなことが私だけでなく子どもたちに今も起きているのか？」と問いました。けれど、私は神が私のことを探し続けてくれていたと信じています。

5週間後ジェニファーは、薬物の過剰摂取が原因で亡くなった。大学に行くことも、他のサバイバーたちの起業を手助けすることも、教育活動を拡大することも、叶わぬままに。

彼女の薬物依存症との闘いは続いており、断ち切った後でも何度か逆戻りしていたが、カンファレンスの1〜2週間後に話したときもとても前向きだったので、その訃報はあまりにも信じられなかった。私は打ちのめされた。衝撃的で、胸が張り裂けそうだった。

しばらくのあいだ、私は、カンファレンスで講演したことがPTSDを再発させたのではないかと悩んだ。いくら自らの経験を公に話すのに慣れていたとはいえ、精神科医たちは、最初の話を繰り返すことはトラウマの再発を促しかねないと忠告していた。だから、後日検死報告書が彼女の薬物過剰摂取は事故だったと断定したことに、いくぶん安堵した。ジェニファーを死後すぐに発見した親友のジェス・グレアムも、死は意図されたものではないと確認している。

ジェニファーの死は、人身取引加害者が被害者に与えるダメージが、いかに長期にわたるかを明確に示すものだ。「私の治療は死ぬまで終わりません」とジェニファーは言っていた。「生涯続くプロセスなんです。過去を乗り越えようとは思っていません。ただ胸を張って生きていく術を身につけたい。そのプロセスは終わることがないと思ってます。おそらく少しも癒されることはないでしょうね。でも、それでいいんです。私は何か理由があって選ばれた。そのことをありがたいとさえ思っています」。その勇気と前向きな姿勢によって、彼女は自身のトラウマさえも、力の源に変えていったのだ。

ジェニファーはとても聡明で、意欲的で、多くを成し遂げた。しかし、回復のために懸命に努力を重ねながらも、その内側は、奴隷にされたことの残酷さと非人間性に侵され続けていた。

その死はあまりに早かった。渇望していた法的支援と経済的支援が、あと少しで受け取れるところだったのだ。ジェニファーがサバイバーズ・インクの創設によって始めた、加害者の焼き印に苦しむ被害者の支援という重要な仕事が、今後も継続していくのを見届けるまで、私は安心できないだろう。

ジェニファーが亡くなって数カ月、気がつけばその死の意味を考えていることがしばしばあった。なぜ薬物依存症が再発したのか？　活動は明らかに順調で、多くのことを達成していたはずなのに。NGOサバイバーズ・インクを法人化し、国土安全保障省で研修を担当し、学校でも教えていた。驚くほど活発で野心的だった。カンファレンスで私が紹介した弁護士たちは、ジェニファーの前科を抹消し、政府への2万ドルの負債を帳消しにできそうだった。

後にジェニファーの友人の一人から聞いて知ったのだが、カンファレンスから帰宅した彼女は大いに刺激を受けて、それはそれは前向きだったそうだ。亡くなる2日前までは、意欲にあふれていた。だが、とても辛い話だけれど、その後苦しみのどん底に陥ってしまい、絶望のあまり、加害者が服従の手段に用いたあの薬物に、手を出してしまったのだった。

当然ながら、考えるうちに、ひとつの大きな問いに行き着いた。真の意味でサバイバーが回復し、新たな人生を歩み出すには、いったいどう手助けすればいいのだろう？

ほとんど知られていないトラウマ

根本的な問題は、社会が彼らを大きな穴に放置していることだ。奴隷化という恐怖から抜け出た後に受ける支援は、あまりに不十分だ。特に精神的なニーズにおいて、それは顕著だと言える。多くの政府が予算をつけているリハビリの期間は短すぎて、とうてい回復には至らない。イギリスや、アメリカのほとんどの州では、被害者が受けられる支援の期間は45日間しかない。彼らにはもっと多くが必要だ。住む場所しかり、加害者に没収され、あるいは国境越えで連れまわされて紛失した身分証明書類しかり、依存症の治療しかり、諸々の支援サービスへのアクセスしかり。けれども当然ながら、回復に向けての重要な第一歩は精神的な治療であり、なのにこの社会は、それを十分に提供することができていない。

この問題をめぐって、研究者のケヴィン・ベイルズが、トラウマ専門家の集まる最大規模の会議で数年前に基調講演を行った際の出来事を話してくれた。彼は壇上から聴衆に呼びかけた。「皆さんはＤＶ被害者のトラウマについてよくご存じだし、拷問被害者のトラウマや退役軍人特有のトラウマについても知っている。けれども、世界では４０００万人が奴隷状態にあって、トニ・モリスンの小説を読んだ人以外は、彼らのトラウマを知る人がほとんどいないという事実を知っていますか？」。彼は、300人の聴衆のうち幾人かでも勧誘できればと思い、こう続けた。「若い精神科医の皆さんには、この問題を専門にしてキャリアを築き、有名になれるチャンスがあります。もし関心があれば、ぜひ私に声をかけてほしい」。だが講演後にベイルズのもとに来た参加者は皆無だったという。

ヘレン・バンバー財団の医療ディレクター、コーネリウス・カトーナは、セラピーやその他の臨床治療は実際に奴隷状態からの回復を促すことができるが、それは継続的なプロセスであり、闘いはしばしば生涯続くものだと警鐘を鳴らす。カトーナは、奴隷状態からの回復を依存症からの回復にたとえる。「アルコホーリクス・アノニマスやナルコティックス・アノニマス運動〔アルコール依存症や薬物依存症患者の自助グループ〕の信条のひとつは、一度依存症になると彼らは常に依存症患者であり、常に次の飲酒、次の薬物摂取の前日の状態にある、というものです。人身取引の被害についても同じようなことが言えます。たとえ何年経っていたとしても、いつあの症状がぶり返す引き金が引かれるか、と恐れてしまうのです」

コーネリウス・カトーナはまた、ホロコースト〔ホロコースト（ユダヤ人大量虐殺）のサバイバー〕との共通点も見ている。「長期的な視点で語られるホロコースト文学の特徴のひとつは、普通の生活に戻り、ホロコーストの記憶を封印したように見える人々も、老年になるとそれが戻ってくることです――自衛反応を形成する認知プロセスが弱くなるからです」

このことは、勇気あるすばらしいフランス人政治家シモーヌ・ヴェイユが息子たちに語った言葉を思い出させる。「私が死ぬ日、おそらく私はアウシュビッツで自分の身に起きた出来事を考えると思う」

カトーナはまた、サバイバーの間で依存症がいかに頻繁に見られるかを語っている。依存に陥ったのが奴隷化されている最中か、もしくはその後か、にかかわらず。「これらの人々はときに……支えもなく脆弱な立場にあることがわかります。彼らが薬物に向いてしまうのは、薬物だけが、悪化する精神的症状を和らげる唯一の方法に思えるからです。医療支援、法的支援、住宅などへのアクセスは難しく、一方で麻薬を手に入れるのは比較的簡単なのです」

これらはまさしく、ジェニファーの生と死をそのまま語るものだ。自分は生涯完治することなく一生回復途上にあるのだという、本人の観察をそっくりなぞっている。

PTSDは、奴隷化の心理的影響としては最も多く、おそらく最も困難なものだ。ハーバード大学でトラウマを専門に研究するジュディス・ハーマンは、複雑性PTSDについて重要な研究を行っている。PTSDの顕れ方にはさまざまあるものの、主な特徴は侵入思考、悪夢、フラッシュバックなどを通した再体験だ。そういったトラウマのすべては、ちょっとでも過去を思い出させる事物、たとえば焼き印(タトゥー)、香水、ときにはハンドバッグさえも引き金になりうることを、私はジェニファーから学んだ。彼女はこう言っていた。「私、ハンドバッグを持ち歩くのが嫌いなんです。バッグはPTSDの引き金になる。以前、他の子たちにしょっちゅう盗まれていたから。以前はあらゆるものをバッグに詰めて持ち歩いていました。アイライナーとか旅行サイズの小さなブラシとか。運が良いときには、歯ブラシやお菓子なども。手に入るものは何でもです。でもあるとき、あの子たちに盗まれてすごく嫌な思いをしました。だからもうハンドバッグを持ち歩けないんです」

マルセーラとジェニファーの例からわかるように、被害者には恥辱と自己非難がつきまとう。わが身に起きた理不尽な出来事に何らかの意味を見出そうとして自分を責めてしまう人を、私たちは何人も見てきた。恥の感覚にはしばしば、自分は奴隷にされても仕方のない人間だという感覚が伴う。自尊心や自己許容、あるいは自己共感の力が完全に失われている。

奴隷状態から解放されて何年も経っても、多くのサバイバーは他人と親密な関係を築くことが難しい。マルセーラの話では、後に夫になった人とはたっぷり2年間メールのやり取りだけで何も起こらなかったという。それほど長い期間、指一本触れずに何も求めなかったという事実によって、彼女は彼に信頼を置くことができるようになった。

ベン・スキナーによれば、ヨーロッパのシェルターで出会ったサバイバーたちの多くは「とてもタフだった」そうだ。タフである理由は、「そうでなければ自殺願望を持ったり精神崩壊したりしてしまうからです。思うに、だからこそ、回復して普通の仕事に就いたり、普通の人間関係を築いて恋愛したりすることが難しい。恋に落ちるということは基本的に弱さをさらけ出すことだからです。サバイバーたちと数え切れないほど話をしましたが――長いときは3年、4年、5年にわたって——、ほんのわずかでも他人と親密になることの大変さを語ってくれました」

専門家たちにとり、性的人身取引と強制労働とでは心理的影響に違いが見られるのだろうか、と私は関心を持っていた。先述の、9歳で家内奴隷としてカメルーンから人身取引されたアメリカ人女性エヴェリン・チュムボウによれば、労働分野の人身取引と性的分野の人身取引のサバイバーたちを同じ部屋に集めると、完膚なきまでに裏切られたという感覚、完全な絶望と凄まじいトラウマについて、驚くほど似通った経験を持っているという。その理由の一端に、労働分野の人身取引のサバイバーも、かなりの確率で強姦の被害に遭っているという事実がある。

既出の章で少しだけ言及したが、奴隷労働の心理的帰結の中でも特に当惑を起こす事柄として、被害者の記憶への影響がある。サバイバーの話が、最初と次に会ったときとでかなり変化していることに、私自身が気づくことがある。特に1年や2年経過すると顕著で、つじつまが合わないと思えてくる。当然ながら、法廷においてこうした矛盾は被害者に不利に働き、証言の信ぴょう性への疑念を主張する人身取引加害者にこそ、有利に働いてしまう。

カトーナはこう述べている。「トラウマは、その時々に起きた出来事を記憶する能力に影響を与えるので、忌まわしい記憶を取り出し時系列に沿って説明するのは難しくなります。私たちの日常生活における記憶のプロセスを考えてみても、数日前、数週間前に起きたことを正確に時系列に沿って話せと言われても、非常に難しいことがわかるでしょう。同じ出来事について話していたとしても、自分と配偶者で覚えていることが違うということもよくあります。とても忌まわしい、思い出すことすら苦痛で仕方ないような出来事について、話す場面を想像してください。彼らがうまく思い出せないとしても、それはまったく驚くにはあたりません」

教授はさらに、サバイバーの話が曖昧になる別の要因も挙げている。「彼らは自分の身に起きたことを恥じていて、洗いざらい話してしまうと嫌悪の目で見られるのではないかと不安に思うのです」

それ以外にも記憶の混同を説明するものがある。恐怖だ。当局に対する返答を叩きこまれている被害者たちは、加害者からの報復を恐れており、それは無理からぬことだ。また、違法なやり方で外国に人身取引され、奴隷状態からの解放後もその国に残りたい人々は、他の亡命希望者から、ビザを取得するにはどう受け答えすればいいか、ありとあらゆるアドバイスを受ける。あるいは、奴隷状態から解放されたばかりでトラウマの傷も生々しい人にとり、質問に使われる言語もよくわからない状態では、入管職員と弁護士と精神医学専門家の区別をつけるのも難しいだろう。そこで、わが身を守るのに必要だと思える事柄だけを話すことになる。

サバイバーはどのように癒しを得るのか

私の感覚では、サバイバーがサバイブできた（生き残れた）所以は、話す相手に自分を合わせる能力があったからだと思う。サバイバルとは常に、妥協することだからだ。サバイブする者とはすなわち最も適応できる者であり、苦境の中にあっても妥協を受け入れられる者のことだ。

人身取引被害者に人生を捧げる弁護士として、クライアント（依頼人）との会話に多くの時間をかけてきたマーティナ・ヴァンデンバーグは、彼らは嘘をついているわけではないと感じている。「省略することは、あります」と彼女は語る。「けれども、クライアントが何かを省略するとき、多くの場合それは誰かを守るためです。たとえば『あの人は私を助けてくれたけど、そのことを誰にも言わないでと言われて約束した』という場合があります。彼らはその人を裏切りたくないのです」

コーネリウス・カトーナ同様、ヴァンデンバーグも、被害者が自分の体験の詳細を逐一語ることに躊躇する理由として、聞き手にショックと恐怖を与える可能性を挙げる。カトーナは、サバイバーたちは他人から嫌悪の目で見られるのを恐れていると指摘した。ヴァンデンバーグはもう少し現実的な表現で語る。「もし自己の体験をすべて話したら、相手は受け止めきれないのではないかと彼らは考えます。被害者がくぐり抜けてきた事柄を正面から直視できない限り、手助けなどできない。クライアントの話を聞いて泣いているようでは、相手の役に立つことなどできません」

前述したように、人身取引被害者の治療に関しては、心理学的な専門家があまりに少ない。それでも多くの希望の持てるストーリーがある。サバイバーたちは実際に癒されているのだ。人々はどのように回復するのか？　助けになると判明している治療には、どんなものがあるのだろうか。

サバイバーと向き合う中でカトーナが学んだのは、セラピーが助けになるには、まずその環境の中で本人が、そして激しい精神的症状が落ち着くことが先決であるということだった。心理学的治療はサバイバーのすべてのニーズを特定し、それに対処するという文脈においてなされる必要がある。そのニーズとはたいがい、一般的な医療ニーズ、保護、住居、福祉、安定した在留資格の組み合わせだ。「住む場所が決まっていなかったり、身体的な健康問題に対処できていなかったり、在留資格が宙ぶらりんだったりすると、それらがあらゆる心理学的治療に取り組む妨げになったりするのです」とカトーナは言う。

ヘレン・バンバー財団の彼のチームは、トラウマにフォーカスした治療を開始する前、あるいは最中の安定期に、サバイバーたちを支援している。その治療には、トラウマとダメージが起きたという事実をまず認めることが含まれる。すでに見てきたように、苦痛を伴う体験を話すことはトラウマを再発させる可能性がある。臨床医は慎重にことを進める必要がある。

私は教授に、治療を受けたり完了させたりする幸運に恵まれないサバイバーたちについて、展望を訊いてみた。多くにとって、単純にセラピーが高額すぎるからだ。彼らがどんな問題に直面するのかを知りたかった。

彼は、まさにその理由から、ヘレン・バンバー財団は期間限定の治療を行っている、と答えた。ナラティヴ・エクスポージャー・セラピーは効果的であり、難民の集団治療への使用でよく知られているが、個人に対して行うこともできる。サバイバーがトラウマ体験を一貫した人生の物語の文脈に位置付けることを手助けすることに特化したこの治療法は、通常6～8カ月、または16～20のセッションで完了する。

別の治療法で人気が高まっているのが、コンパッション・フォーカスト・セラピーだ。これはグループで行われ、通常3～6カ月で完了する。人は自分に対してより他人に対しての方が、思いやり《コンパッション》を容易に持ちやすいという考えをもとに、自分自身に対する共感と理解を深める手助けをするのが目的だ。カトーナが解説するように、「もし他人が自分に思いやりを示してくれれば、自分に対して思いやりを示し、自分の価値を感じ、罪悪感を減らし、自尊心を築いていくのが、少しは容易にできるようになる」。

そして、トラウマに焦点を当てたこれらの治療の後は、社会に適応していくための支援が必要だ。この時期は多くの場合さほど集中的でなくてもよいが、時間はかかりうる。カトーナの試算では、治療に要する合計時間は「多くの場合ゆうに1年以上、時には2年から3年以上にわたる」。さらにその先も、サバイバーによっては、集中的な心理療法を時に何年も続ける必要がある。

また、どこの人身取引被害者もPTSDを経験し、同じ症状に苦しんでいるのは確かだが、治療法については、文化的に適切な対応を取る必要があることは言うまでもない。アフリカや東南アジアの女性被害者に対するのと同じ治療を、インドの子どもたちに施すことはできない。

第6章　バル・アシュラムの子どもたち

インドは矛盾の国だ。この世界最大の民主主義国家には、世界中の現代奴隷の3分の1以上がいて、そのうち何百万人もが子どもたちだ。

そして、奴隷状態から抜け出した子どもたち――運がよくて救出された場合――は、世界中で奴隷にされている大人たちとまったく同じPTSDに直面している。子どもとの間に信頼を再構築するのは生易しい仕事ではなく、私はその凄まじい努力の様子をラージャスターン州で目の当たりにすることになった。

植え付けられた恐怖心

ノーベル平和賞受賞者であるカイラシュ・サティヤルティのことはすでに紹介した。35年前に彼が設立したBBA（バチュパン・バチャオ・アンドラン＝「少年期を守れ運動」のヒンディー語）はこれまでに8万5000人の子どもを奴隷労働、強制労働、債務労働から救出し、その一部をデリーとラージャスターンにある二つの回復センターで受け入れ、治療を行っている。両センターにいるのはほぼすべてが元奴隷の子どもたちだ。

2017年5月、私はラージャスターンにあるセンター、バル・アシュラムで、救出された子どもたち、カイラシュ、そして彼の妻でアシュラムの所長でもあるスメダと、3日間をともに過ごした。そこは文字通りの意味でも比喩的な意味でも、不毛の砂漠の真ん中にあるオアシスだ。センターで教育を受けた子どもたち一人ひとりを記念して、さまざまな種類の樹木が何百本も植えられており、暑さにもかかわらず花が咲き乱れている。建物の大半が廃品利用の材料で建てられていた。

私が訪れたとき、そこに住んでいたのは60人の少年たち（BBAは少女たちの教育やエンパワメントのプログラムも行っている）で、全員が、カイラシュとともにジョギングするという楽しみのために押し合いへし合いしているところだった。夜になり、日中45℃ある気温が下がってしのぎやすくなった時間帯だ（それでも35℃！）。

アシュラムのカウンセラー、アルパナ・ラワットは、笑顔の温かいチャーミングな女性で、変化に富んだそのサリーの着こなしには、優美な気品がある。年若く見えるが、もう何年もソーシャルワーカーとして実践を積んでいる。救出後ただちに子どもたちと面接し、ときには救出作戦そのものにも参加する。そんな彼女は、同じPTSDの症状を繰り返し見てきたという。

自分が治療する子どもたちはみな、人身取引加害者たちから精神的虐待を受けている、とアルパナは言う。「精神的なトラウマは大きく、子どもたちは誰にも心を開くことができません。加害者に恐怖心を植え付けられているからです。たとえば『俺以外の人間と口をきいてみろ、お前も両親も牢屋に送り込んでやる』などと言われる。彼らの目的は子どもたちを永遠に怖がらせておくことです。しかもそれはいとも簡単にできてしまう。子どもは純粋だからです。7歳の男の子には世間のことなどわかりませんから」

救出された子どもたちはたいてい、家族と長期間、長ければ6年ぐらい音信不通になっている。彼らの知る限り、誰も自分のことを探していないし、連絡すら取ろうとしてくれていない。世間から切り離され、何年間も、関わりを持つのは加害者と仲間の奴隷たちだけという状態だ。

子どもたちは、心理的トラウマに加え、身体的虐待にも苦しんでいる。

アルパナは、私が訪問する3カ月前にデリーの縫製工場から救出された、26人の子どもたちについて語ってくれた。「子どもたちはとても過敏になっています。工場長も人身取引業者も冷酷で、文字通り金槌で子どもたちを殴っていました。何か間違いを犯そうものなら、2時間ずっと立たせておきます。ひとりの子は今は8歳ぐらいだけれど、4歳のときに売られ、今なお大きな問題を抱えています。また別の子は歩くことすらできませんでした。ずっと同じ場所に座った姿勢で22時間連続で働かされ、寝るのも同じ場所。家具や階段など、何かにつかまらなければ歩けませんでした。他の子たちは体じゅうが傷だらけでした。子どもたちは二つの地下室で働かされ、太陽の光を見ることもなく、部屋の外に出ることも、トイレに行くことさえ許されなかった。22時間休みなく働かされて、仮眠を取りたいと思ったら、金槌で殴られたというのです」

救出された後も、子どもたちは誰も信頼することができない。カイラシュが私に語ってくれた、二人のサバイバーの話を思い出す。デリーの搾取工場から5年前に救出された、8歳と10歳の兄弟だ。トラウマが酷すぎて、2週間のあいだ、アシュラムの誰とも、他の子どもとすら、口をきこうとしなかった。ある日ついに口を開くと、こう言ったという。「どうしてここの人たちはこんなに優しいんだろう？ ぼくの目が欲しいのかな、それとも腎臓かな？」彼らは思いやりのある人、いや基本的な人間らしさを持つ人にすら、会ったことがなかったのだ。

「子どもたちは救出された時点であまりに抑圧されています。顔は恐怖に満ちています。ここはどこなのか、私たちが誰なのかがわからないからです。あるときの救出作戦中、ある子は私がその子を傷つけに来たのだと思いこんでいました」アルパナが言う。とても心痛む話だが、うなずける。それほどまでに残酷な扱いを受け、自分は家族から捨てられたのだと思いこんでいる子どもが、誰を信用して良いかどうかなど、わかるはずがない。

回復を助けるために

子どもたちの何人かと話した――すでに回復している子たちだ。みな、想像を絶する恐怖と虐待を経験していた。そのうちのひとりサンジートは、11歳のときにビハール州から人身取引され、デリーのワセリン工場で働かされた。油とワックスを混ぜ合わせ、粘り気の出たところで小さな容器に入れて出荷する仕事だ。日に22時間の労働。サンジートは1年後に救出され、私と出会った時点で、バル・アシュラムに来て1年が経過していた。13歳の彼の夢は八百屋さんになること。そして、なんでも好きな物が食べられることだ。

別の少年エンガズは16歳だった。7歳の時に搾取工場に入れられ、地べたに座り込んでサリーに星型を縫い付ける仕事をさせられた。18時間の仕事の後、その同じ床で眠る。鉄の棒でいつも殴られ、少しでも怠けたら目玉をくりぬいてやる、と脅されていた。エンガズは歌手かエンジニアかになりたいそうだ。まだどちらか決めかねているという。

シヴナットは18歳で、4歳のときに父親とともに農業の債務労働に囚われた。9歳のときにBBAに救出された。彼は医者になりたいのだという。

アシュラムで元気を回復し教育を受けるようになった子どもたちが、皆何かしらの夢を持つようになることには、とても励まされる。マイカ（雲母）鉱山から救出された子どもたちの一人で、２０１４年のカンファレンスに登壇してくれたマナン・アンサリは、いまや真面目な学生になった。彼は6歳のときにジャールカンド州に連れていかれ、多くの化粧品、車の塗料、携帯電話などに使われるこの鉱物の採集に携わった。８歳のときに働き始めたこの鉱山では、親友が目の前で死亡するのを目撃した。ＢＢＡに救出され教育を受けてデリー大学の学生になっており、２０１６年の12月、私はそこで彼と再会した。ハンサムで知的な青年になっていた。

私たちは頻繁に手紙をやり取りしていて、直近の手紙には法科学を勉強し始めたと書いてあった。クラシック音楽も学びたいそうだ。私には、かつて奴隷だったこの少年が、安全な環境のもとで数年間教育と治療を受けることで、これほどまでに未来に自信を持ち、人生に希望を抱くようになったことは、真の奇跡だと思えてならない。

私はアルパナに、彼女やスタッフたちはどうやって、こうした子どもたちを立ち直らせているのかと訊ねた。救出された少年たちの回復を助けるために、どんな治療を施しているのか？

アルパナは、手始めに、いわゆる「能力構築セッション」を個別に行うのだという。そこには信頼を築くという目的もある。またグループセッションも行って、アシュラムについての非常に基本的な事柄を説明する。子どもたちがここに連れてこられた理由や、カウンセラーの役割が手助けするためであって、傷つけるためではないということ、などだ。

子どもたちは最初、会う大人すべてに怯える。何年もの奴隷状態に加え、救出作戦そのもののトラウマを体験しているからだ。カイラシュのチームはいつも警察とともに救出を行うため、子どもたちはまず、主人たちと一緒に警察署に連れていかれるのだが、通常、彼らに理解できるような説明はなされない。そこからアシュラムに連れてこられるため、多くは、牢屋に送られるのだと恐れている――彼らの頭の中では、主人たちよりも牢屋の方が恐ろしいのだ。

「混乱と警戒心でいっぱいで、自分たちがどこにいるのかさえ質問しません。子どもたちは自分に教育や自由や遊びの権利があることを知りません。美味しい食べ物を食べ、質のいい生活を送る権利があることも知らないのです」とアルパナは言った。自分たちの状況と自分たちの権利についての基本的な理解を促すこと、そして今はもう安全なのだと安心させることと――プログラムを始めるにあたり、それらが絶対に欠かせない。

アシュラムに来るすべての子どもが酷いストレス状態にあり、なかには不安のあまり攻撃的になる子もいる。子どもたちが自身を表現し自己の経験と向かい合うためには、しばしばアートセラピーが最善の方法となる。

「子どもたちが最初に描くのは怖い絵ばかりです。悲しい顔をして涙を流している子どもの絵。棒やハンマーを持って子どもを叩いている男の絵。角のある悪魔のような男を描いた子もいます。最初は黒い鉛筆しか使わない。でも1カ月、2カ月とこのセラピーを続けていくうちに、次第に花や笑顔やブランコなどを、色とりどりに描くようになるんですよ」

イギリスのカトーナのチームが、サバイバーたちのすべてのニーズ（医療、心理、安全、住居、法律）に同時に対処するのと同じで、アシュラムのチームも保護している子どもたちのすべてのニーズに対応しており、そこには物理療法（奴隷労働で虐待を受けた際、緊急的に最も必要とされる）や適切な教育が含まれる。

少しずつセラピーセッションが進み、子どもたちがスタッフと関わり、活動に参加するようになるにつれ、「彼らはわれわれを信頼し始めます。住む場所と良い食事が与えられ、遊びの時間、ヨガの時間、瞑想の時間、テレビの時間があることを理解するからです。ゆっくりと私たちを信用してくれるようになる。1カ月かそれ以上かかることもありますが、それは本人の精神的なトラウマの程度によって変わります」

カイラシュとそのチームは多くの子どもたちの回復を見ている。アシュラムの安全でサポート的な環境の中で、子どもたちの中にはさらに飛躍する者もいる。ある少年はエンジニアリングを学び、別の少年はヨガでキャリアを積んでいる。自分を再び信じることができるようになっているのだ。

真実の探求者

私が訪問中だった土曜日の朝、大集団が到着した。近くの二つの村から子どもたちがやってきて、私たちとともにカイラシュを出迎えるという。彼はどこへ行っても圧倒的に敬愛されていた。彼がアシュラムに滞在するときには、こうした集会が持たれる――毎回、彼のチームが子どもの権利について教えにいく多くの村から、二つの村が選ばれて参加する。

あの3日間、カイラシュとともにアシュラムの中をくまなく歩きながら、人々がみなひざまずいて彼の脚に両手で触れるのを見て驚いた。ヒンドゥー教徒がそうするのは、年輩者への敬意を示すものだと教わったが、サティヤルティはまさに、ここでは尊敬を集めていた。そしてアシュラムのスタッフの間では、完全に崇拝されていた。その理由のひとつは、彼が彼らの大半を救出して生活を再建する手助けをしたからだった。

カイラシュの反人身取引活動がまったくの偶然から始まったことを考えると、感嘆を禁じ得ない。最初は電気技師になったが、物書きになりたくて、小さな雑誌の発行を始めた。その矢先のある日、近所の人が彼のドアを叩き、娘が人身取引業者に連れていかれたから助けてほしい、と懇願した。カイラシュは迷わず少女を助けに行った。それがカイラシュの最初の救出行動だった。その日以来、彼は一度も歩みを止めていない。しかも苗字をもサティヤルティに変えた。「真実の探求者」という意味だ。

彼がその完璧な白いローブ姿で姿を現し、劇場に集まった子どもたちに、温かさと思いやりとユーモアのこもった挨拶を述べると、子どもたちはまるでロックスターを迎えるかのように熱狂した。そしてショーが始まる――けれどもそれは実際には、カイラシュと子どもたちの間で交わされる会話のやり取りだ。子どもたちは先を争って、前に会ったときから何が起きたかを話そうとする。ある小柄な少年の話では、村のある父親が12歳の娘を結婚させようとしており、その地区の子どもたちが全員で父親のところに出かけていき、こう直談判したそうだ。もし結婚したら少女は学校に通えなくなり、早くに子どもを産むことで体を壊し、一生まともな職にも就けず、子どもに教育を与えることもできなくなってしまう、と。父親は話に耳を傾け、結婚は取りやめになった。

100人ほどの少年少女の集団、それに幾人かの母親たちが、自分たちの権利についてそれほど自覚的であるのを見るのは、驚異的だと言わざるを得ない。別の子ども、13歳ぐらいの美しい少女は、同級生の女子生徒とともに、女子トイレを別に作ってほしいと校長に掛け合った顚末を語った。結果、訴えは認められたのだ！

カイラシュは発言者一人ひとりを、そしてその他の多くの子どもたちを抱きしめた。子どもたちは、そんなふうに称えられることを有頂天になって喜んだ。なんといっても彼はノーベル賞受賞者であり、世界中の、ダライ・ラマをはじめとするたくさんの著名人と知り合いなのだから！

ラージャスターン州のほぼ全域で、BBAは子どもたちに権利教育を施しており、インド中の他の多くのNGOでこれがモデルとされ広がっている。子どもたちが自らの権利を学び、人身取引業者の手に陥らない術を身に着ければ、子どもを奴隷にすることは難しくなるからだ。教育は前進への道だ。

カイラシュに、なぜインドにはこれほど多くの奴隷商人がいるのか、これには歴史的な理由があるのか、たとえばカースト制度——インド独立後の1950年に憲法で公式に廃止された——のせいなのか、と訊ねると、彼は「ノー」と言った。奴隷商人は、インドのすべての階層にいる、ダリット（元不可触民）にも、あるいはムスリムにも。カイラシュによれば、唯一の例外は農村地域での伝統的な債務奴隷で、地主は高カースト出身であり、ここでは債務労働においてカースト制度が主要な要因を占めている。

インドの人身取引業者の脳内は、どうなっているのかとカイラシュに訊ねてみた。彼が言うには、加害者たちが子どもを選ぶのは、幼い子どもたちは力が弱く比較的支配しやすいからだ。もう一つの答えは珍しいものではなく、金銭欲によって動かされているというものだ。その点において、世界中の奴隷商人たちと何ら違いはない。

第7章 人身取引加害者の胸の内

アメリカで、人身取引加害者の元妻から詳しく話を聞くという貴重な機会が与えられた。すべての人身取引加害者の動機の中心にあるのは金銭欲と支配欲だという見解にこの元妻も同意したが、一方で、話はそれほど単純ではなく多くの要因が絡み合っている、とも明言した。

ジェニファー・ケンプトンを奴隷にした男は、ジェニファーと出会う前、年端もゆかぬ頃にジェシカ・グレアムという女性と結婚した。類稀な強さを持つこの女性こそが、奴隷所有者の心理について、私に多くの示唆を与えてくれた人物だ。ジェニファーは、奴隷状態から抜け出した後にジェシカと近しい間柄になった。自分を拷問した加害者のことをよく知る女性に慰めを見出したのだ。現在サバイバーズ・インクで働くジェシカ・グレアム自身、辛い物語を背負ってはいるものの、自身が売られたことはなく、危険な状況をほぼすり抜けてきていた。

世界に4000万人の奴隷がいるのなら、少なくとも500万人の奴隷所有者が存在すると推測できる。他人をモノに貶め、完全に支配し、まるで商品のようにその人を売り買いするような人間の心の中では、いったい何が起きているのだろう？　私と向き合い、この犯罪に手を染めた経緯を説明してくれるような人身取引加害者にはいまだお目にかかれていないのだが、ジェシカの物語と見解は、私たちの認識の穴を埋めてくれるものだった。

ジェニファーと同じく、ジェシカも非常に印象的で勇気のある若い女性で、オハイオ州コロンバスの町で人身取引被害者を奴隷所有者の支配の手から救うためには、自らの身の危険も顧みないような人だ。長身で堂々としており、地元の人身取引加害者に直接、恐れずに接近する。ジェシカと実際に会って話したとき、犯罪者からも恐れられる理由がわかった気がした。

ジェシカの証言はとても珍しいものだった。加害者の元妻のほとんどは、別れた夫に怯えて暮らしているものだ。子どもがいたらなおさらであり、ジェシカも子どもがいるのだが、それでも元夫を恐れてはいない——これもまた彼女の驚異的な勇気を示すものだ。

ジェニファーの死後数カ月経った2017年11月、私たちはジェニファーのこと、彼女を6年半もの地獄に突き落とした男のこと、そして彼女の薬物過剰摂取のことについて、長い時間をかけて話し合った。性的人身取引の加害者をよく知るジェシカは、その行動の理由と方法をめぐって有益な情報を与えてくれた。

加害者の人物像に迫る

ジェシカがこれまでに出会い、また見聞きした人身取引加害者には、二つの共通点があった。それは金銭欲と周囲の人々への支配欲だ。加害者は被害者から心の距離を取り、被害者を人間として見るのをやめる。単なるモノ、収入源として見るようになるのだ。

ジェシカはジェニファーを売った人物について、非常に明確な描写をしてみせた。実の母親の手で酷い虐待を受けた生い立ちから、青年期には徐々に他人を虐待するようになった。ジェシカの描写からは、彼が自らの悲惨な少年時代への反応として、いかにサバイバルの手段を発展させたか、いかにして生き延びたかがわかる。しかし心理的苦闘があまりに大きく激しかったため、そのサバイバルのスキルを今度は他人への拷問に注いでしまった。

加害者の名はセイレム、覚えているだろうか。ジェシカは彼のことをよく知っていた。以下は、彼女自身の言葉が語るその人物像である。

セイレムが母親に育てられたのは、オハイオ州の片田舎、森の奥深い場所で、近くの教会の牧師から譲り受けた土地に建つ、手作りの掘っ立て小屋でした。

とても幼い時分から、母親はセイレムとその友人たちに対して性的虐待を加えていました。セイレムが6歳の頃、銃をもてあそんでいるうちに自分の目を撃ってしまったことがあり、児童福祉の担当者がやってきました。彼が誰かに虐待のことを話したのはそれが初めてでした。でもソーシャルワーカーと話すセイレムの傍らには常に母親がいて、おそらく性虐待の加害者が誰なのかについては、怖くて言葉を濁さざるを得なかったのではないでしょうか。

その日ソーシャルワーカーが帰った後、家の下に掘った暗く湿った地下室に閉じ込められるようになりました。何時間も閉じ込められほったらかしにされて、そのうちに彼は、他人が一緒にそこにいると思いこむようになりました。これが何年も続いたんです。

母親がセイレムの父親と呼んでいた男性が、通りのちょっと先に住んでいました。13歳になると、セイレムはこの男性と暮らすようになりました。本当に彼の父親なのかどうかは知る由もありません。けれどもこの人は、セイレムは賢いと考え、学校に行かせました。非識字者の母親のもとではまともな教育を受けていなかったんです。

けれどもこの男性は帰還兵で、自身がPTSDを患っていました。精神的な発作が起きるとテーブルをひっくり返したり、セイレムをつかんで放り投げたり、人々が銃で襲って来るから武装しなくてはいけない、と言ったりしました。もちろん誰も来やしません。PTSDのせいだったのです。

この自称父親はセイレムに安定した暮らしを与えようとしましたが、自身が安定どころ

人身取引被害者としての人生とオハイオ州のサバイバーズ・インクでのことを話してくれたジェニファー・ケンプトン。 2017 年 4 月 24 日、ワシントン DC のベイカー・マッケンジーのオフィスで。

人身取引被害者となった東京での経験と、コロンビアとラスベガスで生活を立て直した経緯について話してくれたマルセーラ・ロアイサ。2017年4月24日、ワシントンDCのベイカー・マッケンジーのオフィスで。

ワシントンDCのジョージタウン大学で開催されたトラスト・カンファレンスに登壇したディーペンドラ・ジリ。2017年4月25日。

カイラシュ・サティヤルティと著者モニーク・ヴィラ。2017年5月12日、人身取引のサバイバーの子どもたちを受け入れているラージャスターンのバル・アシュラムにて。

著者とラージャスターンのバル・アシュラムの子どもたち（全員が人身取引の被害者）。2017年5月12日。

ワシントンDCのジョージタウン大学で開催されたトラスト・カンファレンスで講演するジェニファー・ケンプトン。2017年4月25日。

ディーペンドラ・ジリをトムソン・ロイター財団のチームに紹介する著者。編集長のベリンダ・ゴールドスミス（左）、COOのアントニオ・ザプッラ（奥）。2017年4月25日。

ではありませんでした。セイレムは16歳になるまでこの人と暮らしました。ある日彼はこの人を探しに森に行き、木の切り株に座っているのを発見しました。自らの顔をショットガンで撃った後でした。その第一発見者がセイレムだったのです。

そんなトラウマの後、彼は友達と家を出て、オハイオ州の州都コロンバスにやってきました。友達は少し年上でした。アパートに住み仕事も始めました。いくつもの薬物を試し始めたのもその頃です。

私と出会ったとき、セイレムは21か22歳でした。とても魅力的でとても親切で、完璧な紳士でした。ほんの2カ月ほど付き合った頃、引っ越してこないかと誘うので、そうしました。彼は「ホームデポ」というホームセンターで夜間マネージャーを務めていました。毎日出勤して、わりといい仕事でしっかり給料を稼いでいました。

一方でマリファナを売っていたのですが、当時の私はあまり気に留めませんでした。まだ10代で、周りの誰もが吸っていたから。でもその後、セイレムがエクスタシーやコカインも売っていて、しかもコカインはすでに使っていたことを知ったんです。

彼は誰が私の友達なのか、誰が家に来るのか、私がどこに行って何をしているのか、いちいち監視しました。私の職場に来て「仕事中の君の姿が見たかったんだ」などと言うのです。私は彼のことを、素敵、私にぞっこんなんだわ、と思っていました。

それは素敵でもなんでもなく、愛情が理由だったわけでもないことに、後になって気が付きました。ただただ私の居場所を知り、同僚を見たかったんです。私が他の誰かと出会って出ていくのが怖かったんでしょう。

セイレムはとても嫉妬深い人でした。私の周囲に誰かがいるのが気に入らない。私を家族や友人から遠ざけようとしました。そんな中でもずっと一緒にいてくれた友人が二人いたのですが、あるときから、彼女たちさえ近づけないようにしたのです。

友人たちの方もセイレムを嫌い、近づこうとはしませんでした。彼の私への態度が気に入らないようでした。でも、私には本質が見えていなかった。彼はただただ私のことが大事で、何をしてどこに行くのかを気にかけてくれているんだ、と思っていました。

薬物と暴力

長女が生まれる1カ月前、セイレムは自動車事故を起こし、短期間、車椅子での生活になりました。医者は鎮痛剤のオキシコドン80ミリグラムを一日複数回処方して、毎月180錠が投与されました。そうした中で、セイレムは薬物を乱用するようになりました。娘が生まれて1週間後、私はファストフード店のマネージャーの仕事に復帰しました。セイレムはまだ事故の後遺症があり欠勤中でした。例の医者は、最終的に「錠剤工場」と呼ばれた仕組みによって不祥事を起こしました。儲けを増やすためにやたらと薬を処方していたのです。医者は廃業し、セイレムの処方箋もストップしました。すると彼の態度が一変しました。もう車椅子は不要になっていて、彼は私に嘘をつくようになり、私の財布からお金が消えるようになりました。セイレムは内面に閉じこもりがちになり、どこに行き何をしているのか話してくれなくなりました。45分間トイレに閉じこもったかと思うと、いきなりとても暴力的になったりしました。

この頃、セイレムがヘロインをやっていると伝え聞きましたが、最初は信じられませんでした。まさかそんなことあるわけない、と。ヘロイン依存症の患者を見たことがあった彼は、いつも「俺は絶対、注射器は使わない。ああいう薬はやらない。ああいう連中の気が知れないよな」と言っていたからです。けれども今や彼はふといなくなり、帰ってきたかと思うとおかしな表情を浮かべては叫びまくります。私が自分の言う通りにしないと、たちまちキレるようになりました。

二人目の子どもを妊娠中だった私は、娘を連れて出ていきたいと言いました。すると彼は私をつかんでドアから外へ放り出し、車の上に押し倒しました。

私は少しのあいだ家を出ましたが、セイレムは泣きながら電話してきました。「なあ、正直に言うよ。俺、ヘロインをやっていたんだ。君に帰ってきてほしい。家族と一緒じゃなきゃダメなんだ」お願いだから帰ってきて、薬物から足を洗うのを手助けしてほしい、と懇願されました。

「わかった、手助けが必要なら助ける」。私はそういうタイプの人間です。誰かが助けてほしいと言えば、たとえどんなことであっても、手を差し伸べます。

私は再び1歳児と0歳児を連れセイレムのもとに戻り、1週間ほどは平穏に過ぎましたが、その後、暖房器具の中に注射針を見つけました。正面のカバーがずれていたので直そうとして、そこに隠してあるのを見つけたんです。私は仕事中のセイレムに電話しました——当時大した仕事はしていなくて、他人の家の中を直す作業をあちこちで請け負っていました。私は「帰ってきたら話がある」と告げました。すると帰宅したとき、彼は仲間を二人連れてきていて、すでにハイになっているのもわかりました。私は急いで友人に連絡し、娘たちを迎えにきてくれるよう頼みました。私が彼と対立したときに何が起きるかわからなかったし、子どもたちを安全な場所に置いておきたかったのです。

セイレムと仲間がソファに座りました。「あなたに話があったんだけど」「なんでもこいつらの前で話せばいいじゃないか」。後でわかったことですが、彼は私が警察に通報した場合のことを考えて、自分の側に立ち、何も起きなかったと証言してもらえるように、あの二人を呼んだのです。

私たちは口論になり、セイレムは私を殴り、再びドアの外に放り出しました。連中はただ何もせずに座ってテレビを見ていました。

私は娘たちの物を取りに家の中に戻り、娘たちを連れて出ていくことに決めました。

オムツの袋を二つ抱えて立ち去ろうとしたとき、彼は私を再び押さえつけ、コーヒーテーブルの上に叩きつけました。私が立ち上がったらまた襲ってきました。私がコーヒーテーブルの脚をつかんでセイレムを叩くと、彼は床にのびてしまいました。そのすきに私は逃げ出しました。

これこそが、ジェニファーと私の共通点です。つまり二人とも、彼よりずっと強い女なんです。ただ、私たちにそういう認識はありませんでした。コーヒーテーブルが一番近くにあって、身を守る手段はそれしかなかったのです。

私はそのまままっすぐ警察に行きました。でも警察が事情を聴きに行ったところ、セイレムの仲間たちが、私の方が彼を殴り、彼は私に指一本触れていなかった、と言いました。

検察が立件できるよう、翌日警察に出向いて調書を完成させました。接近禁止命令を出してもらうためです。私の腕にはあざができていました。セイレムがつかんだ部分に、手のひらの痕がついていました。顔も体もあざだらけでした。警察官に見せたら、「彼は指一本触れていないと言っている証人がいるんだが」と言うので、「私の体の痕が証拠ですよね？　これ、あいつの手なんですから」と答えると、裁判になりました。

私への一時的な接近禁止命令は出ましたが、娘たちとの面会は許可されました。裁判所に出廷したセイレムには、ヘロインを打った生々しい痕跡が見て取れました。判事に薬物使用の事実を訴えましたが、それには関知しないと言われました。そして、娘たちを連れ出す許可は出ませんでしたが、私がいないときにも来て会うことが許されたのです。彼はハイになった状態で現れては、そこらじゅうにぶつかっていました。

ある日などは娘たちを連れていこうとさえしました。ソーシャルワーカーだという女性がやってきてネームタグを見せ、私に記入するようにと書類を差し出しました。セイレムの訪問を監督する役割を担っているので、娘たちと彼の家で会うのに立ち会うと言うのです。私はすっかり信じてしまったのですが、この女性はセイレムの友達だと後に判明しました。ドラッグ仲間でした。

1時間後、セイレムの家の近所に住む人から、「セイレムがあなたの子どもたちを連れて逃げようとしている」と通報がありました。警察と叔父に知らせると、叔父が注射の痕から血を滴らせたセイレムを駐車場で追い詰めてくれました。翌日、私は判事にかけあいましたが、それでも娘たちへの接近禁止命令を出してくれませんでした。

出廷のたびに、セイレムは必ずうまくやるのです。自分をきれいな善人に見せる方法を知っている。薬物検査を切り抜ける方法も知っている。私が最も恐れたのは、どれほど私が相手のヘロイン摂取の酷さを訴えても、裁判所があちら側につくのではないかということです。薬物検査をしても毎回陰性が出る。たとえ前日に薬をやっていても検査には引っかかりません。保護観察官を買収していたのです。でもやがて新しい保護観察官に代わったとき、検査で引っかかって、ついに収監されました。

人身取引に手を染める

私が去った後、彼は新しい売人と仕事をするようになりました。トロイという男です。そのトロイの恋人が、ジェニファーでした。私はそれまでにも何度かジェニファーに会ったことがありました。トロイはジェニファーを自分の手元に置き、ストリッパーとして働かせていました。とても暴力的で、彼女は逃げたかった。ジェニファーは保育所で働きたがっていました。トロイはすでに彼女の生活を支配していました。

その頃トロイが収監され、ジェニファーは彼との間にできた娘と二人で途方に暮れていました。そこにセイレムが入り込み、すべての問題から彼女を救ってあげる、とささやいたんです。住む場所も与えて面倒を見てあげる、と。

私はジェニファーに伝えようとしました。「この男を信用してはだめ。私にも同じことをしたんだから。自分はすばらしい人間で、私の面倒を見て、たくさん、すばらしいことをしてくれる、私を愛してる、って言って……」。けれどもジェニファーはセイレムに、あいつはわが子にも会わせてくれない狂った女だ、と吹き込まれていました。

セイレムがジェニファーを扱ったやり方は、私のときと少し違っていました。すでにあらゆる薬物に手を出した後だったからです。他の男たちが女性たちを使って金儲けをするやり口を見て、学習していました。薬に金がかさむから、なんとかして稼ごうとしていたのです。

彼はジェニファーと付き合うようになり、彼女の面倒をすべて見るようになりました。娘の面倒も見て、できることは何でもする、と言ったようです。

たしかにそれは可能でした。本当にその気になり、薬もやっていないときには、いい父親だったかもしれません。けれども薬をやっているときはまったく豹変しました。子どもがどうなろうと知ったことではなく、自分の欲望を実現するための切符でしかなかった。単なる道具だったのです。

しばらくすると金も底をつき、薬物の習慣はますますひどくなりました。商売は地下に潜り、住む家も失いました。セイレムは麻薬仲間に「お前もお前の女もきれいな部屋に住んでいい服を着てるのに、俺と同じぐらい薬物を手に入れてる。どうしたらそんなことができるんだ?」と聞いたのです。この男は彼に、自分の彼女をクレイグスリストで売っていると答えました。広告ではマッサージと称しているけれど、実際にはエスコートサービス（デリバリーの売春）でした。

彼らはありとあらゆるおかしな方法で金儲けをしていました。そしてセイレムにこう吹き込んだのです。「なあ、ジェニファーを引き入れる手助けをしてやるよ」。そこでセイレムとジェニファーは彼らの家に引っ越しました。

この男女がジェニファーのグルーミングに手を貸しました。マッサージの最初の予約客にジェニファーを送り込む段になり、初めて女は言いました。「相手の言うことに何でも従うんだよ。性的な欲求にも答えてやること。それから、これぐらいの金額を請求しなさい」

ジェニファーはそんなことしたくなくて、二人は車の中で口論になりましたが、女はジェニファーに忠告しました。「あんたの娘は今、私の家に、セイレムと私の彼氏と一緒にいること、忘れないように。あんたは娘を育てたいんだろう、娘に会いたいんだろう？　だったらつべこべ言わずにやってきな」

セイレムは、その時の恋人に何かやらせたかったら、子どもを利用すればいいとわかっていました。彼の生活の中では子どもこそが、使いやすい道具でした。私に対しても、私の前の恋人に対しても、そしてジェニファーに対しても、子どもを利用したのです。

ジェニファーとの関係が1年に及んだ頃、セイレムは私と子どもたちに銃を向けるようになっていて、私はようやく娘たちに対しても5年間の接近禁止命令を獲得することができました。ときどき、彼がジェニファーを売っているらしいという噂が耳に入ってきました。けれども当時の私は人身取引というものを知りませんでした。

再会

接近禁止命令が解かれて2週間が過ぎた頃に、セイレムの幼馴染でもある私の友人から電話がかかってきました。「セイレムはすっかり正常になったよ。ジェニファーとも別れた。君や子どもたちに会いたい、どうしているか知りたい、と言っている。子どもたちに彼が何者かを知らせる必要はない。リハビリ施設に通って人生をやり直してるんだ」と言うのです。友人は自分でそれをすっかり信じているようでした。リハビリ施設までセイレムを迎えに行く、28日間の施設滞在で、少なくともそれだけの期間は薬をやっていない、と話していました。

そこで私は言いました。「わかった、もし彼がすっかり正常なら、会ってもいい。ただし娘たちには、あいつが何者なのか誰からも話してほしくない。私が自分で確かめます。私が安全ではないと判断したら、その時点で終わりにするから」

娘たちも同席する場所で会い、セイレムは娘たちに声をかけました。そして私に向かって、ジェニファーの人となりを描いてみせました。彼のものを盗み、彼について嘘を並べ立てる酷い人間だ、と。

私はジェニファーには数回会っただけでよく知らなかったので驚きました。けれども心のどこかで「嘘をついているのでは？」とも思っていました。

30分ぐらい話した後、娘たちの様子が知りたいから、時々電話してもいいかと訊かれました。私は自分の電話番号を渡して、「番号を渡したことを後悔させないでよ」と言ってやりました。

ところが2日後、セイレムは電話してきて泣くのです。「俺の家族に会いたい。家庭を取り戻したいんだ」。私は「もうあんたは家族じゃないよ」と言いました。けれども、彼が本当に娘たちの人生に関わりを持ち、娘たちと再び知り合うことを望んでいるのなら、それはまた別の話です。ゆっくりとまた一から関係を築いていけるはずだと思っていました。

その頃、ある女性に、ガソリンスタンドで声をかけられました。「あなた、セイレムの奥さんよね」「どなたですか？」「それはどうでもいいの。けど、お嬢さんたちを彼に会わせてるって聞いたわ。やめた方がいい。彼、嘘をついてるから」「そもそも私のことをどうして知ってるの？」「とにかく、彼に近づかない方がいいの」。私は嫌な予感がしたので、その通りにしました。

それから1カ月ほど経ってフェイスブックを見ていたら、おススメの友達としてジェニファーが出てきました。彼女に、何があったのか、今どうしているのか、訊いてみようと思いました。噂では、ジェニファーは薬物から足を洗い、人生をやり直そうとしていると聞いていました。そこで私はジェニファーに友達リクエストを送りました。「他意はありません。あなたが元気にやっているのか知りたいだけです」

メッセージが返ってきました。「わざわざ私に連絡してくれたこと、嬉しいし感謝を伝えたいです。私はとても元気です。でもあなたとお嬢さんたちのためにも、会ってお話がしたいです。あるイベントがあるのだけど、そこに来てもらえるかしら？」

私はもちろん、と返事をしました。そこで彼女は大まかに何が起きたかを知らせてくれて、それは過去数年間に私が耳にしてきた噂と一致しました。彼女に「ぜひイベントに来てみて。何かしら学ぶところがあるはず」と言われました。

それは、サバイバーズ・インクでジェニファーが行った最初の講演イベントのひとつで、小さな教会が会場でした。ジェニファーは「本当に来てくれたのね。私の言うことなんて信用してもらえないんじゃないかと思ってた」と驚いていました。私は「ガソリンスタンドで会ったある人に言われたことが、ずっと頭の隅に引っかかっていた。あの男を信用しない方がいい、嘘をつかれてるんだよ、って言われて、なぜか、その嘘というのはあなたに関することなんじゃないかと思っていた」と伝えました。

「私だけじゃなくて、他にもあいつが売ってた女性たちがいるの」とジェニファーは言いました。彼は女の子を何日か留め置いて、それからギャングに引き渡すのです。いちばん長く手元に置いたのがジェニファーでした。

「あなたに会ってもらいたい人がいるんだ」と、ジェニファーがある少女に引き合わせてくれました。少女は言いました。「ええ、ほんとにあの人は世界中で一番親切で優しい人だった。ふつうポン引きって、寝泊まりする場所なんか用意してくれない。家に入れてもくれない。でもあの人は私たちを寝泊まりさせてくれた。食べさせてくれたし、シャワーも浴びさせてくれた。でも全部、後でツケが回ってきたわ」

セイレムはこうした女性たちを勧誘しては、グルーミングしてギャングに売っていたんです。この男にとってそれは、いわば金を得るための切符でした。信頼を獲得するまでの短期間だけ手元に置いて、それから態度を変えて、ギャングのメンバーに売り飛ばすのです。

後日、私がこのことについて問いただすと、セイレムは、そんなの嘘だ、たしかに馬鹿なことをやってきたけど、それはみんな卒業した、と言いました。私は、あんたの言葉なんてひとつも信用できない、と言ってやりました。彼が「娘たちに会いたい」と言っても、私は突っぱねました。

このときジェシカは、せっかく友達になったジェニファーが、数カ月後に今度はセイレムの友達によって再び騙され、人身取引されたという辛い話を聞かせてくれた。セイレムが、麻薬を断ち切る手助けをしてほしいと言ってジェニファーを誘いこみ、そのまま彼女を6週間も地下室に監禁し、強姦しにやってくる男たちから金を稼いだのだ。

まだ親友とまでは言えなかったが、ジェシカはジェニファーとの絆を感じていた。セイレムから受けた仕打ちを打ち明け合ってみると、ほんの少し話しただけで、二人ともそっくりの方法で支配され虐待されていたことが明白だった。

そういうわけで、ジェニファーが行方不明になったとき、ジェシカは彼女を探さなくてはと思い、1カ月半のあいだ毎晩、時には朝の4時や5時まで探し続けた。ジェニファーがようやく解放されたのは、加害者が薬物を過剰摂取し救急車と警察が駆けつけたときだった。


ジェニファーは、あの地下室から抜け出した後、私に電話してくれました。「私、今は安全な場所にいるの。フェイスブックでたくさんメッセージを受け取った。探してくれてありがとう。もう大丈夫って伝えたかっただけ」。私は答えました。「どこかで食事しない？　あなたが大丈夫だってことをこの目で確かめたい」

そこで二人で食事に行きました。「その安全な場所で、必要なものは足りてる？」「必要なものはなんでもそろってるよ」。でもそうでないことがわかっていたので、一緒にお店に行き、衣類、シャンプー、歯ブラシ、練り歯磨き……そういう、他人から見たらまさか持っていないなんて思いもよらないだろう日用品を買ってあげました。

最初は「こんなことしてもらう義理はないわ。どうやって返したらいいかわからないし」と遠慮されましたが、「返してもらわなくていいよ。これから先、もし何か必要になったら私に手助けさせて。私たち、同じような地獄を体験した者同士だって、あなたが言ってたじゃない」。私は自分の身を売られこそしなかったけれど、別の酷いことを経験していたので、こう言いました。「私たち、団結しなきゃ。女はもっと団結することを学ぶべき。私たちがその模範になればいいと思う」

こうしてジェニファーは私に買い物をさせてくれて、一緒にその安全な場所に戻り、それから朝の6時まで、ソファに座って話しました。それまでの人生でかいくぐってきた、あらゆる出来事――セイレムにされたこと、そして脅されたことについて。その晩以来、ジェニファーと私は、お互いが何か必要になったらいつでも助け合う間柄になったのです。

「面倒を見てやってるんだ」

ある頃から、うちの前の道でよくセイレムを見かけるようになりました。私が理由を問いただすと「この近くに住んでいる」と言いました。うちから15軒ほどしか離れていない場所でした。

2017年のある秋の日、セイレムが通りをうちの方向へ歩いて来ました。前庭で一緒にいた子どもたちに近づけたくなかったので、私は車に乗って近づきました。すると彼はこう言うのです。「少しだけ話がしたい。車で銀行のATMまで送ってくれないか。そこで話そう」。私は彼が何を言うのか聞きたかったので承諾しました。

セイレムを車に乗せて最初に私は訊きました。「一生に一度でいいから、正直に答えてくれない？　あんたまだ薬をやってるでしょう。今もハイだわよね。いまだに女性を売ってるの？」

「俺は女を売ったりしない。売ったことなんて一度もない。むしろ女を助けてやってるんだ」。私がどういう意味かと訊ねると、答えはこうでした。「立ちんぼの女たちは寝場所がないからな、俺が泊めてやって、お返しに金をもらってるんだ」

「で、その人たちはどうやって稼いでるのよ？」

それは自分の知ったことではない、と言って彼は笑い出しました。そして話題を変え、わけのわからないことをぶつくさ言い始めました。完全にハイになっていたのです。

そして突然私の顔を見て言いました。「女が3人いるんだ。未成年じゃない、大人だよ。うちにいるけど心配ないよ、ジェス。俺がちゃんと面倒見てやってるからな。飯も食わせてやってるし、シャワーだって使わせてるし、泊めてやってる。それに、どうしたらもっと稼げるかを教えてやってる」

「あんた、自分の家で女性を売ってるわけ？」

「いや、俺が売ってるんじゃない。あいつらが自分で自分を売ってるんだ」
「つまりその人たちに、自分で自分を売ってるって思わせてるわけね」
「俺もそこまで悪人じゃないさ」
それは違法だと気づいているのかと訊ねましたが、家まで送ってくれと言われました。ついしゃべりすぎたと思ったんでしょう。

それから間もなく、セイレムはジェシカに再び車に乗せてくれるよう頼み、ジェシカは再び承諾した。話をさせ、録音してやろうと思ったのだ。2017年10月11日、ジェシカはセイレムが、当時売っていた3人の女性について語っている声を録音するのに成功した。私も聞かせてもらったその音声は、秘密裡に録音する必要があったためかなり聴き取りづらかったが、それでも彼が女性たちのことを話しているのがはっきり聞こえた。

音声からは、セイレムが会話中もハイになっていることが明らかだった。女性たちのことをしゃべったのもそのせいだったし、「売春婦を3人家に置いてやって」、「何から何まですべてコントロールしてやる」と怒鳴り散らしたかと思うと、落ち着いたトーンで「面倒を見てやってるんだ」「あいつらは安全なんだよ」などと訴えるような声音で主張し始めた理由もそれだった。

私はジェシカにその音声録音を警察に持っていくのかと訊ねた。「ええ、そのつもり。でも警察には物的証拠が必要なんです。録音を聴くんじゃなくて、自分たちの目で確かめたいんですよ」

それからジェシカはコロンバスで起きている現実を教えてくれた。世界中の人から幾度となく聞いていて、私にとってはすっかり耳馴染みになった説明だ。すなわち、地元の警察は人員不足・資金不足で、基本的に、自分たちが売春と見なしている行為を追及することには関心がない。たしかに人身取引の罪に問うことは非常に難しい。ジェシカが言うように、犯罪を証明するにはまず「加害者がそこにいて、人身取引の行為に及んでいる必要がある。物理的に誰かから金銭を受け取った、まさにその場で捕まえなければいけない」からだ。

当然ながら人身取引の加害者は抜け目がないので、自らそんな状況を招くことはまずありえない。実際に物理的な「取引」が行われるのは顧客と被害者の間の話であり、加害者本人は離れた場所で、自分は罪に問われないように行動している。このようにして、セイレムは女性をいくらでも売り続けることができる。

しかもここは遠いアフリカの地でもなければ、ネパールやインドやカンボジアの僻地でもない。世界で最も豊かな国のひとつであり、ワシントンDCから400マイルの距離にある州都であり、しかも時は2017年なのだ。そんなことは法の支配の及ばないような国で起きると考えるのが普通だろう。

しかしジェニファーとジェシカが住むこのアメリカは、多くの移民が抱くアメリカンドリームなどではなく、むしろダンテの「地獄篇」を体現していると言える。

虐待の連鎖

セイレムがいかに人身取引の道へ深く転げ落ちていったかは、たやすく見て取れる。彼のジェシカおよびジェニファーとの初期の関わり合いがどんな風だったかはすでに述べてきた。ヘロインやクラックへの依存症状が強まるにつれ堅気の仕事ができなくなり、焦りと欲望が増幅されていった。ジェニファーを売る以前からすでに支配欲求があり、それはジェシカに対して「会ってもよい人」を限定し、友人や家族から隔離し、電話の会話に聞き耳を立てることで、ジェシカの生活を支配しようとしたことからもわかる。しかも仕事を辞めた後は、ジェシカに収入を頼るようになっていた。

その後ジェニファーにも同じことをしたのだが、今度はさらに大きく邪悪な目的を抱いていた。現実には比較的小さな一歩によって、日和見的で支配的な関係性から、一気に人身取引犯罪に手を染めるまで進んでしまった。ジェシカは、それは主に薬物乱用のせいだと言う。けれども同時に注目すべきなのは、セイレムがまだ女性の人身取引を始める前のジェシカとの初期の関係が、人身取引に長けた加害者がグルーミングを行う手法とほぼ同じだったことだ。脆弱な立場の人間を見つけ、手厚く扱って相手の信頼を得ることで、支配と搾取を可能にする。その天性の魅力が成功の鍵となった。セイレムは女性を破壊するために、自分の魅力を意図的に利用したのだ。女性にあのように近づくことは、彼にとってごく自然だった——自身のトラウマ、そして金銭欲・支配欲から自然と湧き出たものだった。

最終的かつ決定的な要因であった薬物依存が、思いやりのなさと人を愛する能力の欠如にさらに拍車をかけた。そのためジェニファーをますますモノへと貶め、ついには彼女を単なる金儲けの道具としてしか見られなくなった。

ジェシカとその同僚でサバイバーズ・インク事務局長のメアリー・フィッシャーが、話の最後に、自分たちの町では男性も女性同様に性的人身取引の被害に遭っていると語った。セイレムも男性を売っているのかと訊ねると、いいえ、とジェシカは答えた。「セイレムが、売る対象として男性でなく女性だけを選ぶのは、母親に虐待された過去のコンプレックスがあるからでしょう。彼の欲求は男性ではなく女性を支配することであって、それは自分を支配したのが女性だったからです」

ジェシカのセイレムに対する洞察力に満ちた、いや慈悲的とさえ言える見方に感嘆を覚えたのは、その時だけではなかった。もしあれほど薬漬けでなければ良い父親になっていたかもしれない、とジェシカが言ったとき、私は、自分や娘たちを恐怖に陥れ、ジェニファーを死に至らしめたこの男の中にすら、彼女が善の可能性を見出せていることに驚いた。

セイレムは加害者であると同時に被害者でもあった。陰惨な虐待を受けた少年が大人になり、金銭欲と支配欲に突き動かされ、底なしの虚しさを薬物で埋めようとした。虐待の被害者として生き延びるために有効な方法を編み出し、必要とあらばそれをジェシカ相手に使った――たとえば、自分が暴力的になる懸念があったため、あらかじめ無実を証言してくれる友人二人を家に呼んだことだ。

同様に、薬物乱用中にもかかわらず法廷ではうまく猫を被ることができたのも、生き延びるためのスキルのひとつなのだ。依存症が悪化するにつれ支配と虐待行動も激化し、セイレムは今日のような怪物になり果てた。

こうして暴力の連鎖が続いていく。私たちはそのことを繰り返し目撃している。残酷に扱われた子どもたちが成長し、より残酷に他人を扱うようになる。幼年期に愛情や思いやりを受けられなかったセイレムは、その寂しさを、他人を支配することで埋めようとした。しかも従属させるために薬物を利用した。

このような連鎖を断ち切ることは尋常ではない。ジェシカやジェニファー、そして私が出会った多くのサバイバーたちは、この点、並外れて優れた人々だ。自分が受けた虐待をそのまま他人に向けることなく、その経験をバネに、苦しんでいる人々への思いやりの力を培い、助けを必要とする人に支援の手を差し伸べることができる人たちなのだ。

第8章　限られた選択肢

ジェニファーやジェシカと同じくマルセーラ・ロアイサもまた、自らの過酷な経験を他のサバイバーの支援に役立てることに、救いと癒しを見出したひとりだった。そのことによって自己を取り戻すことができ、現在は自分らしく、穏やかに暮らしている。

私たちはマルセーラの物語を、日本からコロンビアへ帰国した後、警察にその被害の届出を「失くされ」、心理的にも物理的にも大打撃を被ったところで中断していた。届出が消失すると同時に、心理学的治療を提供するという政府の約束も立ち消えになり、妄想と鬱病に苦しむことになった。治療を受けられず放置されたPTSDにうちのめされ、自己イメージは粉々に砕け、自分は人身取引加害者の言葉通りの人間だったのだと信じ込むようになった。その後に起きたことを、マルセーラはこう語る。

マルセーラの転機

私の届出が消えた後、私は帰宅し、考えました。「ＯＫ、マルセーラ、あの女（日本にいた人身取引加害者）が正しかった。あんたは生まれながらの売春婦なんだ」。そこで自分の意思で、コロンビアでも売春婦になりました。別の仕事を探しましたが見つからなかったからです。以前働いていたナイトクラブは閉鎖され、いずれにしても新しいスタイルのダンスを踊るには、年が行き過ぎていました。

日本にいたときの友人のひとりと連絡を取り合っていたのですが、その妹がボゴタでエスコート嬢（日本でいうところのデリヘル嬢）をやっていました。そこで私もボゴタに出てエスコート嬢をやることにしました。でもポン引きはつきませんでした。すばらしいことだと思いました。ここなら自分の裁量で仕事ができるのに、なぜわざわざ日本にまで行って、他人を儲けさせるために何カ月も働かなきゃならなかったんだろう？と。それが当時の私の精神状態でした。こうして2年働きました。首都で働くあいだ、娘を再び母に預けて面倒を見てもらいました。

これは少々おかしな現象です。母はすでに私の過去を知っています。そして今や多額のお金が送られてくるのに娘に何も訊かないのは、自分にとってメリットがあるからです。わかりますよね。母を責めようというわけじゃないんです。でも今、支援団体の立場からすれば、そのお金はどこから来ているのかとわが子に問うことがいかに大切かを、親御さんたちに教えたい。

私は母と娘に送金しました。娘をバイリンガルの私立学校に通わせました。ハイクラスな暮らしを始め、マンションも手に入れました。友人もでき、すばらしい日々でした。けれども私にはまだトラウマがあり、問題があり、夜ごとに襲ってくるモンスターがありました。でもそれは誰からも気づかれていませんでした。

2年ほど経ったある日のこと、私はある独身男性のパーティーに来ていました。ある人が車に乗せて送ってくれたのですが、その車内にはもう一人若い、おそらく15歳にもならない女の子がいて、その子がコカインを使用していて死にそうな感じでした。男性のひとりが「こいつ、車から道に降ろそうぜ」と言うので、私は「それはやめて、お願い」と頼みました。少女の顔に自分の娘がダブりました。「お金をください。あなたに迷惑はかけません」。彼はコロンビアの有名人でした。「わかった、金をやる。ただし俺の名前は出すなよ」

病院へ送ってもらい、私は少女に付き添いました。胃の洗浄などの処置が施され、少女は助かりました。

目を覚ました少女は開口一番、「なぜこんなことするの?」と言いました。「何を言ってるの?　あなたを助けたかったのよ」。すると「やめてよ。私、死にたいのに。自殺したかったのに」。私がなぜなのかと訊ねると返事はこうでした。「だってママが売春婦で、それがすごく嫌なんだもの。だから死にたいの」

まるで自分の娘に言われたような気がしました。もう終わりにしなくては、と思いました。これ以上売春を続けてはいけない、と。

私は少女と話し、その母親とも話しました。母親はありがとうと言いました。二人は私のことも、私の過去も何も知りません。でもその出来事は私にとって大きな教訓になりました。娘を失うわけにはいかない、と決心したのです。

そうして私は貯金を始めました。何人かのお得意様に通常より多く支払ってもらえないかと頼みました。「この稼業から抜けて普通の人間になりたい。普通の仕事がしたい」と伝えましたが、最初は「嘘だろう。ヴィトンのバッグでも買うために金がほしいだけで、やめる気なんてないはずだ」と言われました。私は嘘なんかついてない、本当にやめようと思ってると伝えました。

顧客のうち二人が信じて、お金を出してくれました。もう一人は信じませんでした。

そうして私はペレイラの実家に戻りました。けれども私が何か正しいことをしようとすると、必ず何かが起こる。インターネットカフェを始めようとパソコンを何台か買いましたが、泥棒に入られ盗まれました。香水を売る商売を始めたら、誰も支払ってくれませんでした。エイヴォン化粧品で働き、雑誌のセールスもやりました。でも何もかもうまくいきませんでした。

ある日、ある教会に足を踏み入れて、私は問いました。「なぜ？　どうして私がやることなすこと、みんな裏目に出るの？」その教会で、ひとりの修道女に出会いました。これは神が行った奇跡でした。彼女が会堂にいる時間帯に私がそこに行くようにしてくれたのです。

二人で話をしました。私が経験を話すと修道女は言いました。「あなたは人身取引の被害者なのよ。心理的な支援を受けられなかったから、それがトラウマの一部になっているんです。だから売春に戻ってしまった。もしより良い生活を送りたいなら、支援を受けなければ」。彼女が心理的な支援とスポンサーを探してくれて、私のセラピーはその後3年続きました。

それ以来、二度と売春には戻ることなく、長いトンネルの先に小さな光が見え始めたのです。仕事を得て、お金も貯まるようになり、人生が変わり始めました。すべてが変わり、私は心から感謝しました。

一歩一歩、少しずつ

修道女は私に教会付属の学校やカフェテリアでの仕事を与えてくれました。私は勉強がしたかったので奨学金をもらえないかと訊ねました。「わかりました、お裁縫の教室に通えるようにしましょう」と言われましたが、私は「いいえ、私はお裁縫はやりたくない。自分が縫物をしている姿なんて想像できません」と断りました。被害者はみな同じではない、と理解することが大切です。何でもただあなたが被害者に与えたいもの、良かれと思うものを与えればいいわけではないんです。みんな別々の人間です。裁縫が好きな人もいるでしょう、でも私はそうではありませんでした。好きでもないものを、どうしてやれるでしょうか？

私は英語、それに販売促進やマーケティングを学ぶための奨学金をもらいました。そのうちに政府とも関わり始めました。

私は娘を高級な私立学校から教会付属の学校へと転校させました。そこは下級の公立学校でした。シスターが娘に制服をくれました。私立から公立への転校は娘にとってはショックでしたが、それでも彼女は喜んでいました。なぜなら母親の中で何かが変わったこと、それは良いものだということがわかっていたし、学校も楽しかったからです。

このシスターはいわば私の天使でした。一歩一歩、少しずつ私の人生を変える手助けをしてくれました。今でも彼女とは連絡を取っています。シスターにも伝えましたが、彼女は私の第二の母。なぜなら私は生まれ変わったからです。

けれども日本にいたときの私は何度も神に背いていました。「あなたが本当にいるのなら、なぜ私にこんな仕打ちをするのですか？　なぜ？」と神を責めていました。でも今は心の底から、あれが私の人生最大の学びだったのだと思っています。感謝すべきことに、あの経験があったからこそ、より強くより良い人間に、良い母に、良い妻に、良い娘になることができた。より良い人間になるために必ず苦労しなくてはならないというわけではありませんが、なかには、人生がいかに美しいかを知り、周りのものすべてに感謝するために、それが必要な人たちもいるのです。

以前私は母に反抗していました。貧しい地区に住んでいたからです。けれども日本にいた頃、私はその貧困地区に帰りたくてたまりませんでした。朝起きて母が作ってくれる、簡素な卵料理に飢えていました。

だから、私は言いたい。人生が、愛が、そしてあなたの周囲にいる人たちがどんなに貴重なものなのか、理解しなくてはいけない。幸せとは決して、物質的に恵まれた生活のことではない。決してそうではないのです。

シスターは多くのサバイバーを支援しようとしていますが、うち75％は、支援プログラムを終了することなく、売春生活に戻るといいます。課題のひとつは資金です。こういったプログラムは心理的な支援を施そうとしてくれますが、職業訓練のための資金がなければ、それは難しい。シスターはいつも言っていました。「マルセーラが他の被害者と違ったのは、どんな仕事でも喜んでやってくれたことね」。あの学校での働き口は、カフェテリアでの仕事しかなかったのです。

　有名人に囲まれたボゴタでの高級生活からカフェテリアでの仕事に変わるのは、たしかに大変でした。けれどもある意味、私はその8時間の労働に喜びも感じていました。8時間の労働に対してたった5ドルの報酬でした。ところがその5ドルが意外ともつので、食料や何かいいものを買っても、まだ手元に残りました。

　売春の仕事をしていると、たとえ何千ドル稼ごうが、足りることはありません。でもこの5ドルは――この5ドルをいとおしんで大事に使う時間は、至福の時でした。どんなに嬉しく、感謝に満ちていたか。そして自分のことも誇らしく思えていました。「私もやればできるんだ。娘もなんとかやっていけているし、母親のことを誇りに思ってくれている」。娘がどんなに私のことを誇らしく感じてくれているか、言葉では言い表せないくらいです！

　娘は現在22歳で、私と一緒に暮らしています。去年大学を卒業し、専攻は生物学、副専攻が化学と気候正義でした。今は働いています。

　娘は医大に行って医者になりたいようです。なので奨学金を取ろうとしています。それからコロンビアとアメリカで、私の団体でのボランティアもしています。すばらしい娘なんです。ほかにまだ幼い娘が二人いるのですが、その面倒を見るのも手伝ってくれます。

家族の支え

つい先月、私は11回目の結婚記念日を迎えました。本当に幸せです。夫と最初に出会ったのは、ちょうど私が心理学的支援を受けている最中でした。私はアメリカに移住するまで、夫に自分の過去を話しませんでした。「あなたに話しておかなくてはならないことがある」と言い続けていましたが、当時はまだ話せなかったのです。

心の底からこの人と結婚したかったけれど、自分がアメリカの土を踏むまでは話すまいと思っていました。渡米のチャンスを逃したくなかったからです。アメリカに呼び寄せてもらった直後にプロポーズされました。そのときに私は自分の物語を話しました。彼はまるで赤ん坊のように泣きました。「いったい何を言ってるんだい？　なんて恐ろしくて、酷い話なんだ！」　彼は完全にショックを受けていました。話を聞いてすぐには、咀嚼できなかったのです。

私は言いました。「本当にあなたを愛してる。結婚したいと心から思う。でも、秘密にしておくことはできない。あなたに知ってもらいたかった。正直でいたかった。もしあなたがこのことに耐えられるなら、ぜひとも一緒にいたい。でももしそうでなくても、どうか私を母国に送り返さないで」

「君はただグリーンカード〔アメリカの永住権のこと〕が欲しかっただけなのか！」と彼が冗談めかして言うので、「もちろん。でなきゃどうして付き合ってるって思ってたの？」と私も応じました。二人の関係はユーモアにあふれています。私たちをよく知る友人たちは言います。「あなたと彼、どっちが本当のヒーローなのかしらね」。彼の方だと私は思っています。

夫は私が自信を取り戻すのを手助けしてくれました。私が本を出版したいと言ったのは、彼との最初の子を妊娠していたときでした。上の娘は13歳になっていて、本当のことを話してもいい年だと思いました。母親に何かとても悪いことが起きたのだと気づいていましたが、詳しいことは知りませんでした。

私は夫に、「キャサリンに過去のことを話すから、どうか支えてほしい。今がチャンスだと思うの」と言いました。「もし君が望むなら、そばにいるよ」

昔のことを話すと、娘はショックを受けて泣き出しました。私は言いました。「キャサリン、ジェイソン、私、本を出そうと思ってる。でももしあなたたちがやめてと言うなら、出さない。本は燃やしちゃうわ。お蔵入りにする。でももし二人がいいと言ってくれるなら、これは大きな船出になるし、大きな変化にもなると思う」

娘がこう訊いてきたことを決して忘れません。「なぜそうしたいの？」まだずっと泣きっぱなしでした。私が「ママのこと、恥ずかしい?」と訊くと、「そうじゃない。でも質問に答えて」と言われ、私は答えました。「他の人たちを助けたいのよ」

娘は泣くのをやめました。「お手伝いするよ、ママ。もしそれが理由なら、そばにいて、いつでもお手伝いしてあげる」。そして夫も同じように言ってくれました。

私は夫に訊ねました。「あなたの実家の家族は耐えられるかしら。家族のことも、今の自分、未来の自分のことも、危険を冒したくないと思ってる。あなたの家族を愛しているし、彼らも私を気に入ってくれている。でも……」。夫の答えはこうでした。「マルセーラ、うちの家族はもう知っている。それでも君のことを気に入ってるよ。もう去年から知ってたんだ。だから何も変わらないし、君は何も心配しなくていい」。夫の家族はこうして理解し支えてくれました。他の人たちを助けなきゃという私に賛同してくれたのです。

サバイバーの支援を始める

そのすぐ後の2011年に、私はコロンビアで財団法人を立ち上げました。資金はほぼ私の家族、夫、そしてここアメリカで働いていた会社が出してくれました。またラスヴェガスのあるNGOから贈られた賞の賞金として2000ドルをいただいたので、件のシスターを通じて知り合った12人のサバイバーの支援に使いました。教育や交通費、食費などです。そこから自分で小さなビジネスを始める者も出てきました。

その中の一人が裁縫好きで、服を繕おうとしたのですが、ミシンを持っていませんでした。そこで私は裁縫の腕を向上させるようにとクラスに通わせ、さらにフェイスブックでミシンが欲しいと呼びかけたところ、ある方が1台贈ってくれました。

また別の一人はホットドッグを売りたいと言いました。するとまた助けてくれる人がいて、今では自立して生計を立てています。彼女はこう言ってくれます。「あなたは計り知れないほど、私の人生を変えてくれました。私には自分のビジネスがあり、誰にも頼らずに生きています」今は彼女たちは自信を持っています。あの小さな始まりが、12人の女性たちの人生を変えることにつながったのです。

私はボゴタのアメリカ大使館に行きました「私はあなたの国の国民です。アメリカを愛しているし、そのことに感謝しています。大使館で職員のためにワークショップを提供するので、お返しに、人身取引の被害者が英語教育を受けるための奨学金を出してください」大使館は8人の被害者に奨学金を出してくれました。プログラムを修了できたのは3人だけでしたが、私はそれでも嬉しかった。その3人の人生が変わったことがわかっていたし、彼女たちがまた新たに別の誰かに刺激を与えるでしょう。資金を調達することも大事ですが、それだけが解決策ではありません。

コロンビアには腐敗が蔓延しています。だから私はアメリカ大使館に行き、また、国連薬物犯罪事務所（UNODC）とだけ協働します。彼らはコロンビア政府に依存していないからです。コロンビア政府に依存している組織は非常に腐敗しています。

ある市長が電話してきて私の団体に寄付を申し出たのですが、寄付金の65％をキックバックしろと言ってきました。2万ドルを団体に寄付するから1万3000ドルを還流させろと言うのです。私の団体が受け取るのは7000ドルだという。これがコロンビアです。

だから私は物事を変え、変化をもたらそうとしているのですが、あまりに障壁があり過ぎて、ときどき諦めたくなります。なんであれ、ここが私のルーツだからこそ、辛いのです。でもやっぱり嫌悪を催します。誠実な人に出会うことは稀です。人々は何がなんでも金儲けすることしか考えていない。とても悲しいことだけど、これがコロンビアのメンタリティであり文化なのです。でも私は、自分たちがなんとかして変えていけると信じています。この状態を放置し続けていたら、永遠に変わらないから。そうしたら私の子どもたち、孫たちの未来はどうなってしまうでしょう？

人身取引と闘うために世界中で意識啓発を行う、国連の「ブルーハート・キャンペーン」に、かれこれ4年ほど携わっています。それから、国連の支援のもとで新たなプロジェクトも始めたところです。資金提供を受けるのは初めてで、たしか3万ドルです。

被害者グループがいくつかあり、心理学的治療を終えた被害者たちが、自分たちの物語を集めて一つのお芝居を作り上げるんです。とても素敵なプロジェクトで、誇らしく思っています。

うちのような小さなグループでも、他の団体と協働して人身取引の被害に遭ったコミュニティに入っていくことで、違いを生み出すことができます。うちを含めて多くのNGOが、問題があるコミュニティ、小さな地域、特に貧困地域で、十分な働きができていません。最近、「リーダーズ・ビカム・リーダーズ（指導者が指導者になる）」という名前のプログラムに参加しました。私たちが関わっているサバイバーのうち12人がちょうど心理学的治療を終えたところで、彼らがこのプログラムのリーダーになろうとしています。

私は、コロンビアの4つの大学、そしてラスヴェガスの1つの大学とも提携しています。それらの大学を訪ねて、「これが私の本です。私の物語です。こちらの大学と協働させてもらえませんか？　被害者たちに奨学金を出してくれませんか？」と訊きました。すると、「すばらしい！　ぜひ一緒にやりましょう」と言ってくれたのです。

ラスヴェガスの被害者とも関わっています。最近はラスヴェガスでワークショップを行うことが増えています。間違いなく、この街にもたくさんの被害者がいます。ポン引きも商売も小さい単位で動いています。現地の警察とも協力して、ともに高校でワークショップをやったりしています。

逆戻りを防ぐには

マルセーラの物語は、他のサバイバーたちについても大いに希望を持たせてくれる。充実した幸せな人生を自らの手で創り出し、夫のことを愛し心から信頼し、主宰する反人身取引の活動はますます影響力と広がりを増している。そして何よりも、その心の明るさだ。それは私たち一般人であってもなかなか手に入れられるものではなく、ましてや奴隷生活を生き延びた人には稀だろう。それは疑いなく、天性の楽観主義、プレッシャーの中でも冷静な頭脳、寛大な性格、そして知性によるものだ。しかし3年間の心理学的治療が彼女に与えた影響についても、過小評価してはいけない。

マルセーラの被害の届出と政府による支援の申し出がいつの間にか消えてしまったとき、心理学的カウンセリングもないままに、彼女は売春に戻ってしまった。絶望の淵に立たされ、加害者の言葉を信じるに至った――「お前は売春以外では生きていけないのだ」と。けれども、あのシスターに出会ってセラピーを受けることで、間違った考え方から抜け出して、もっと明るくポジティブな光の中で自分を見つめることができたのだ。

私はカトーナに、運悪くセラピーを受けたり完了したりできなかったサバイバーたちに、なにか展望はあるのかと訊ねてみた。多くの場合、セラピーは単にとても高額だ。私は、被害者が直面する課題は何なのかを知りたかった。治療を受ける前のマルセーラのように、同じパターンに戻ってしまうのだろうか？　カトーナはこう話す。

非常に重要なのは、サバイバーが、過去に自分の身に起きたのと同じ物事に対し、脆弱であり続けるという事実を知っておくことです。ここヘレン・バンバー財団で私たちが出会う人々の多くはアルバニアから人身取引されてきています。よくある話として、まずは非常に父権主義的な父親に支配されて育ち、やがて家を出て多くは大学に行くのですが、そこで同じ学生であるボーイフレンドができ、これまで社交が許されなかった自分が、生まれて初めてというぐらいの注目を浴びる。ところが今度はその男が彼女たちを支配し、性的搾取の状況に追い込んでいくのです。

父親に従属を強いられ、それにさらに輪をかけたような従属を恋人からも強いられると、今度もまた同じような選択をしてしまうという、恐ろしいほど強い傾向が見られます。そうしたパターンの仕組みを理解し、より独立的で賢明で客観的な選択ができるような能力を取り戻すことが、とても大切です。

では、どうしたらそのための手助けができるのか？　「われわれが提唱してきた概念のひとつが、単なる回復のみならず、持続可能な回復の必要性です」とカトーナは説明する。「被害者もかなり回復して、表面上は何事もなくふるまうことができるようになるかもしれない。けれども、なにかストレスを感じると――たとえば職を失う、住む場所を失くす、住む場所が変わる、実家から悪い知らせが届く、在留資格に疑いがかかる、新たな健康問題が発生する、など――、これらのうちどれもが、彼らを心身ともに脆弱な状態に引き戻してしまう可能性があります」

カトーナの言葉は当然、ジェニファーを思い出させる。人身取引被害に遭っている最中に下着を盗んだという前科により、就職を拒まれたことは、すなわち、リアルな貧困と、それに付随する安全、住居、健康、心理上の問題に直面することを意味した。ジェニファーは窃盗の前科が抹消されるべく働きかけ、さらに、他の被害者が今後同じ問題で苦しまないよう、オハイオ州の犯罪記録抹消法の改正にも取り組んでいた。けれどもこの万引きの前科は、彼女の死のその日まで、不安定要素として残り続けた。

残念なことに、犯罪記録はサバイバーの間で非常によく見られる問題であり、そのせいで、安定を阻むさまざまな障壁が立ちはだかる。プロボノ団体「人身取引法律センター」を設立したアメリカ人弁護士、マーティナ・ヴァンデンバーグが、サバイバーたちには100以上もの有罪判決が下される一方で、人身取引加害者は誰も起訴すらされない実態を語ってくれた。貧困、失業、強制送還、精神医学上の問題、これらすべてがサバイバーたちを絶望に陥らせ、劣悪な環境に戻る以外に道がないという状況に追いやってしまう。

ジェニファーの死は、薬物依存症がいかにサバイバーの回復を阻害しうるかを示している。未治療のトラウマに向き合うサバイバーは、些細なきっかけでPTSDが引き起こされるため、薬物使用に逆戻りする率が非常に高い。薬物は、トラウマになっている記憶を遮断してくれるからだ。

前にも書いたが、人身取引されている間にマルセーラが薬物摂取を拒否したことは、彼女が脱出できた大きな要因だった。薬物から距離を置いていたことはまた、回復を早める一助にもなった。依存症再発の心配がなかったからだ。それでもなお、PTSDが治療されず放置されたことは自尊心の低さにつながり、一時期は、売春こそが自身と家族の生活を支える唯一の道だと思いこんでいた。

多くの要因が、サバイバーのPTSDを起こす引き金になりうる。それはカトーナが列挙した状況——住居、健康、在留資格、仕事、などの不安定さ——の中のひとつかもしれない。あるいは元の加害者に見つかりはしないかという、現実的な恐怖かもしれない。

あるいはそれは外傷性の絆（トラウマ・ボンド）かもしれない。メアリー・フィッシャー（サバイバーズ・インクの事務局長）は次のように説明している。「［それは］薬物使用や危険行為などに逆戻りする大きな引き金となりえます。自分を虐待する者との間に絆が生まれ、それを断ち切るのは困難を極めるからです」

自身も苦難の経験を持つメアリーは、外傷性の絆がどう機能するかをこう語る。「引き金が引かれてしまうと、元の心理状態に戻ってしまいます。20年間大丈夫であったとしても、突如現れた男が加害者を思い出させる人物だと、もうそれでその人に惹かれてしまう。感情的に、昔の場所に戻ってしまうのです。一度引き金が引かれてしまうと、『待って、私はもうあのときの自分じゃなくて、今はこういう人間だよね？』というところまで自分を引き戻すのに、2日から、長くて2週間はかかるんです」

しかし新たな心理状態に自分を戻して回復を続けることは、必ずしも誰にでもできるわけではない。メアリーは言う。「加害者にとっては、被害者を意のままに操るためには、ただ引き金を引き続けるだけでいい。そうすれば相手はある日突然逆戻りして、気づいたらまた路上に立っていることになるのです」。人身取引被害後の生活は往々にして不安定で、危険に満ちている。回復状態を保つためには、最初に回復するためと同じぐらいの、着実かつ徹底的な心理学的治療が必要になる。

カイラシュ・サティヤルティのアシュラムにいる子どもたちも同様に、奴隷労働に逆戻りしてしまうかもしれない脆弱さを抱えている。そのことはスタッフもよく承知している。そういうケースの場合、子どもたち自身というより、その親が原因となることが多い。子どもたちは幼なすぎて、人生を自分で決めたりできないからだ。

アシュラムのスタッフが気づいたのは、親は自分の子どもが人身取引に遭った事実を理解できないことが多く、そのため、そうとは気づかずに、子どもをまた別の危険な状況に送り込んでしまう場合があるということだ。だがここでも、そのような決断は、絶望ゆえに下される。アルパナ・ラワットは言う。「問題は経済的なことです。貧困の問題があるからです」

同僚のカウンセラーたちとともにこの問題にいかに対処しているか、アルパナが説明してくれた。「子どもがアシュラムに到着すると、私たちはその家族に連絡を取り、カウンセリングのセッションを行います。子どもたちを再び人身取引の被害に遭わせたくないからです。長続きするのは、子どもと親に動機付けを与えることです。貧困は悪循環で、断ち切らなければならないということを、理解してもらうよう努力します。もしあなたが教育を受けられなかったとしても、少なくとも子どもたちには教育を与えましょうよ、と。もしあなたの子どもが教育を受け、生活の質を上げることができれば、回復し、乗り越えられるからですよ、と」

PTSDと犯罪記録は、サバイバーの選択肢をあまりにも狭めてしまう。それゆえ、苦悩や危険のない生活など、ほぼ不可能になる――正しい方向に進むための支援が、たっぷりと受けられる場合を除けば。

そしてそれはうまくいかないこともある。ジェニファーがそうであったように……。勇気と強さを持ちながらも、彼女は薬物に戻ってしまったのだ。

ジェニファーが薬物を大量摂取する前の晩、ジェシカは彼女と一緒にいて、ジェニファーの体調があまりよくないことに気が付いた。ジェシカは何度も自分の家で話そうと言ったのだが、ジェニファーは疲れたから家に帰って休みたいと言い張ったという。

翌朝、ジェシカとメアリーはジェニファーが深夜に自宅を出て行方不明だと知った。二人には、それが薬のためだとわかっていた。通話記録とフェイスブックからいくつかの麻薬取引所を特定したが、それでも一日中探し回っても見つからなかった。

その翌晩ジェシカがジェニファーを探し当てたときには、もう手遅れだった。ジェニファーはクラックを吸い過ぎて心臓が徐々に停止していっていた。生前のジェニファーに最後に会った人物によれば、彼女は脚の感覚が麻痺していると言って、そこから出たがっていたという。ジェシカとメアリーに電話して迎えに来てもらうために、スマホを充電しているところだった。

過剰摂取の兆候をよく知っていたジェニファーには、おそらく自分がもう死ぬということがわかっていたのだ。

第9章　ビジネスが鍵（課題と解決法の両方で）

現代奴隷制との闘いにおいて、ビジネスは絶対的に重要な位置にある。世界のどの大企業も、奴隷制と無縁であると言い切ることはできない。地球上のあらゆるサプライチェーンのどこかで、強制労働が存在するからだ。

何百万という人々が工場で無賃労働に従事し、漁船で命の危険にさらされ、崩れかけの鉱山で命を落とし、多国籍企業のサプライチェーンの奥深くに、追跡などほぼ不可能な状態で隠されている。そこには5、6歳からの子どもが含まれる。すでに指摘したが、世界中の奴隷のじつに25％は子どもたちだ。

彼らは今日の忘れられた人々だ。姿は見えず、声は聞こえず、保護はされず、人間らしさを奪われて、搾取の循環に閉じ込められている。一方で、安い服、手の届く値段の携帯、大量生産の食料が、増え続けている。

カタールで強制労働させられたディーペンドラ・ジリの体験談に戻ろう。

性的人身取引と違い、強制労働のビジネスモデルでは、被害者の薬物依存は手段に入ってこない——実際、危険を伴う煉瓦焼き工場やマイカ（雲母）鉱山や漁船や縫製工場などで、薬漬けの奴隷は機能できないからだ。

だからディーペンドラ・ジリの人身取引被害体験には薬物は出てこないが、他の多くの障壁が立ちふさがった。ディーペンドラの話は、2009年にカタールの労働収容所に絡めとられ、約束された報酬のうちわずかな額を建設会社から受け取りながら、事務員として働いていたところで中断していた。彼は出国を許されなかった。休みを取るまで2年間は滞在するという契約にサインしており、いずれにせよパスポートは会社に取り上げられた状態で、カタールに来てから1年が経過していた。

ディーペンドラが自分と家族を養うことができ、かつ希望を失わなかったのは、アンドリュー・ガードナーという米国プジェット・サウンド大学から来た人類学教授を手伝って、秘密裡に、同僚の移住労働者たちの労働条件を調査していたからだ。もし毎週休日にディーペンドラが何をやっているかが会社や当局に知られたら、かなり深刻な危機に陥っていただろう。だが彼は危険など顧みなかった。

プロジェクトの手助け

ある日アンドリューが、カタールの名所のひとつでもあるショッピングモールに連れていってくれました。私も以前に一度モールに入ろうとして、守衛に止められたことがありました。ヨーロッパ人やアメリカ人は入場ＯＫ、でも私たちが足を踏み入れたら、労働者の存在のせいで、豪華なモールが美観や高級感を汚されるとでも言うのでしょう。

すべての商品が高価だと知っていたので、ウィンドウショッピングでいいと思っていました。アンドリューに連れられて中に入ると、「なんてこった！」これまでに見たことのない、この世の物とは思えないほど豪華なモールでした。人工の川が流れ、天井は本物と見まごう雲に覆われています。その美しさは言葉では言い表せません。なぜ私が止められたのか、理由がよくわかりました。モールに来る買い物客たちが、この労働者はここで何してる？と怒り出すのを恐れたのでしょう。

Ｈ＆Ｍ、アメリカンイーグル、ルイ・ヴィトンなど、聞いたことのある有名ブランドの店を見かけました。もちろん行ったことのない店ばかり。ルイ・ヴィトンの店に入っていこうとすると、店員に止められました。私は「ごめんなさい、知らなくて。初めて来たんです」と謝りました。それからスイス最大の時計ブランドの店の前で、ショーウィンドウの時計を眺めました。すると「あっちへ行け」という声がしました。

たしかに外観はとても豪華で美しい場所です。けれども中にいる人々は、敬意を示すということを知りませんでした。私にはそういう高価な品々は買えないけれど、だからといって、他人をそんな風に扱うべきではありません。私は、金持ちではなくて幸せです。他人とどう接するべきかわかっているからです。私はただ眺めていただけなのに、彼らは私を家畜のように扱ったのです。

そして一言付け加えるなら、このショッピングモールで販売されている商品の多くが、さまざまな企業のサプライチェーンに深く埋もれている奴隷たちによって、製造されているかもしれないのだ。

それからアンドリューが食事に連れていってくれました。とても美味しくて、長いあいだ食べたことがなかったすばらしい夕食でした。そうして私はまたとても幸せになりました。ただ同時に、とても悲しかった。私の家族は遠くネパールにいるからです。赤ん坊のアアユシを抱っこしたい、そして両親や妻のスニータと話がしたくてたまりませんでした。さらに宿泊所は問題だらけで、仕事のプレッシャーもありました。けれども一方で私はとても幸せで、アンドリューと仕事ができる木曜日の夜を、心待ちにするようになっていました。彼と出会えたのは本当に幸運でした。もし出会えていなければ、私は今日ここにいなかったでしょう。あなた〔著者のこと〕を紹介してくれたのはアンド

リューですから。

私がアンドリューの仕事を始めたのはカタールに着いて6～8カ月後のことで、それから出国のときまで続けました。アンドリューはカタールの別の都市で教えているジョヴァンニ先生に私を紹介しました。彼のプロジェクトにも手助けが必要だったのです。ネパール、インド、バングラデシュ、スーダン、フィリピンなどから来ている建設労働者を見つけては、教育を受けていない人、英語を話せない人、交通標識すら読めない（カタールではアラビア語や英語で書かれているので）人を、探しました。毎週金曜日、ジョヴァンニと私とで彼らにトレーニングを施し、その後に夕食をご馳走し、研修修了証を授けるという計画でした。ジョヴァンニはこのプロジェクトのためにボーダフォンから助成金を得ていました。

ジョヴァンニは言葉の面で手伝ってくれる人間を探していたので、私はアンドリューとの使命を終えた後、2カ月この仕事をやりました。市場に行って、パイロットプロジェクトのために人を探すのです。活動的な人がいいと言うので、私は条件に合うバングラデシュ人、スリランカ人、フィリピン人、インド人、ネパール人、パキスタン人を見つけました。

トレーニングのたびに、ジョヴァンニは私たち一人ひとりに日除け帽、Tシャツ、それにボーダフォンのペンをくれました。

運転手たちを助ける

一方、ドーハから7マイル離れたサマイヤにある私の会社では、ストライキを起こした運転手たちをめぐって、状況はますます複雑化していました。

読者の皆さんのためにおさらいしておこう。ディーペンドラは、運転手たちの時間外手当の件で、彼らと会社の間の争議に巻き込まれた。運転手たちがストライキを起こすと、会社側はすべての給与の支払いを停止し、食料の支給も止めた。

運転手たちが給与の支払いを止められて5〜6カ月が過ぎていました。ジョヴァンニが私をUNHCR（国連難民高等弁務官事務所）の担当者につないでくれたので、この人に状況を説明すると、できる限りの証拠書類を集めて持ってくるよう運転手たちに伝えてほしい、と指示されました。

運転手たちが会いにいくと、この担当者は彼らの大使館に同行してくれました——ネパール大使館、インド大使館、バングラデシュ大使館です。その後一緒に労働裁判所にも行き、会社を相手どり、時間外給与未払いについて民事訴訟の手続きをしました。ところが同時に会社の側も、運転手たちに対して訴訟を起こしたのです。その言い分は、あの連中は従業員の身でありながら会社の石油を横領し、外で売っていたというものでした。

裁判所は会社が運転手に支払うべき負債額の証拠を求めました。運転手たちは、会社の印と署名が載った給与明細のコピーを出してくれと私に頼んできました。いったん私が作成し、会社に取り消せと言われた給与明細です。私は、それはできるけれど、私がトラブルに巻き込まれないようにしてほしい、と頼みました。彼らは私の手助けにとても感謝していました。

翌日、私はいつもより1時間ほど早く、まだ誰もいない時間に出社しました。鍵は私が持っていました。給与明細のコピーを取り、運転手たちに渡しました。「お願いがある。ぼくは君たちを信用して、助けたいと思ってる。ぼくは君たちと同じだから。だからもし将来ぼくが窮地に陥ったら、今度は君たちが助けてほしい」。彼らはとても喜んでいました。

運転手たちは訴訟を闘うために裁判所に行きました。多くの時間を費やしすべての書類を提出してUNHCRに戻ったとき、裁判所は彼らに、訴訟が続いている間、カタールのどこであっても仕事をしていいという許可証を出してくれました。これはとても稀なことです。

そこで運転手たちは他の仕事を探しはじめ、私は、少なくともこれで彼らもいくばくかのお金を稼ぐことができる、と安堵しました。そしてようやく1年後、裁判所はCID（警察署の中で人権事案を担当する部署）に対して、状況を打開するよう命令を出しました。

ある日CIDの担当官が事務所にやってきたとき、前に車が停まったのを見た課長が私に言いました。「私は忙しいから、もし誰かが来て課長はどこかと訊ねたら、ここにいません、海外出張です、と言ってくれ」

担当官が入ってきて「課長はどこだ」と訊ねたとき、私は「海外出張中です」と答えました。

「帰国はいつになる？」

「知りません。でもここにはいないです」

お前は誰だと訊かれ、私は事務員ですと答えました。この件について何を知っているかと問われたので、私は、何も知りません、ただ事務所の運営に携わっているだけです、と言いました。

担当官はいつ来ればいいかと訊ねました。私は課長の名刺を渡しました。その晩担当官は課長に電話したらしく、翌日課長に言われました。「ディーペンドラ、なぜ相手に私の番号を教えた？」「あの担当官があなたの名刺をくれと言ったんです。名刺の場所を知らないなどと、私が言えるわけないでしょう?」私は課長に、担当官になんと言われたのかと訊ねました。「今日、私に会いに来ることになった」

とても嬉しいことでした。担当官が来て、課長を怒鳴りつけていました。アラビア語で話していたので私にはあまり理解できませんでしたが、すべての問題に対処するよう命じていたようです。課長はただすべてを否定していました。

数日後、今度は警察の偉い人が事務所にやってきて、課長に告げました。「今夜6時までに、運転手たちに1年分の未払い給与とボーナス、それに航空券を渡すこと。さもないと、痛い目に遭うぞ」

課長はすべてを準備せざるを得ませんでした。航空券に給料1年分。1年間、彼らは何も受け取っていませんでした。しかも課長はわざわざ警察に出向き、警察官の前で、運転手たちへの支払いをさせられたのです。

こうして1週間のうちに、運転手たちはみな給料とボーナスを受け取って無事に帰国しました。

自由を得るための闘い

私にとっても状況は改善していました。金曜日の仕事も続けていて、それもうまくいっていました。それに会社が私たちのビルに発電機をつけてくれたおかげで、しばらくは電気が通っていたのです――とてもありがたいことでしたが、発電機は数カ月で壊れてしまい、もとの状況に逆戻り。屋根の上で眠らざるを得ず、けれどもその建物はセメント工場に囲まれていたため、朝目が覚めるとセメントの埃まみれになっていました。

　同僚から頼まれ、私が課長にかけあうことになったのですが、怒らせてしまいました。「1日や2日ぐらいで、死ぬわけじゃないだろう?」「もちろん死ぬわけじゃないですが、少なくとも基本的な設備が必要です。まず飲み水と、シャワーのための水、料理のための水が要ります。それから、いずれは電気が必要です」。課長はそのうち手配する、と言いました。「でも、実際に手配してもらわなきゃ困ります」。私が頑なだったので相手は憤っていました。そこで言ってやりました。「私はこれまであなたに何も悪いことをしていません。いつだって自分の仕事を忠実にやってきました。なのに、なぜ怒鳴るんですか?」

　問題を解決するのに2週間かかりました。私はある日、事務所に行くのをやめようと決心しました。課長は事務所に来て最初に「ディーペンドラはどこだ?」と訊いたようです。同僚たちはみな仕事に出ていましたが、私はその前に彼らにこう告げていました。「水も寝る場所もないことがどれほど辛いか、会社にわからせる必要がある。私はシャワーも浴びてない、休息も取れてない、なのにどうして働ける?」

翌日出勤すると、スタッフの一人から書類を渡されました。課長の命令で彼が書いたもので、前日欠勤した私はそこにサインしなければならないと言うのです。私がなぜ出勤しなかったか課長に説明してくれたか、と訊ねると、彼はノーと答えました。「君がその書類にぼくが無断で欠勤したと書いて、それでぼくの1日分の給料が支払われなくなるのだったら、ぼくが欠勤した理由を書いてくれないと困る。そうしたらサインするよ。課長のところに行って、ディーペンドラはサインを拒否していると言ってほしい」。すると彼は「そんなことしたらこっちが叱られる」と言いました。私は彼に、課長は何もできないよと言いました。

そこで彼は課長のところに行き、そこで何を話したか知りませんが、笑顔で戻ってきて言いました。「ディーペンドラ、サインはしなくていいらしいよ」

後日、課長のさらに上司であるジムがシリアから訪ねて来たとき、話がしたいと言われました。「ディーペンドラ、どんな調子かね。君について、いいことと悪いことの両方が耳に入ってきているんだが、どこから始めるべきかな?」私は言いました。「それでしたら、悪い方から始めてもらって、いい方を後にしていただければ、笑顔でこの部屋を出ていけそうに思います」「わかった、ディーペンドラ、なぜあの日出勤しなかった? しかも書類へのサインを拒んだそうじゃないか」。そこで私は宿泊所での不具合のこと、そしてサインを拒否した理由を説明しました。違法な要求はしていないはずです、と訴えました。彼らが高級車を乗り回しているのに、私たちには電気すらないののです。

ジムは納得したようでした。「君もそろそろ2年になると思うが、いつ休暇を取るつもりかい？」と話題を変えてきました。私は2年経ったらすぐ翌日にでも出発したいと言いました。「わかった。君が2年を満了したとき、おそらく私はここにいないだろうから、先の日付を書いた書類を作ってくれ。それにサインして了承したことにするから。私がここにいなかったとしても、君は旅行に出発していい」

嬉しくてたまりませんでした。さっそく書類を書き、サインをもらいました。ジムにはこれまで、ノートパソコンの使い方やEメールの送り方やエクセルのスプレッドシートの作り方を教えてあげたりしたので、私を信頼してくれていたのです。彼は課長に「私がここにいなくても、ディーペンドラが出発したいタイミングで行かせてやるように」と命じました。

2年満了の日が来て、私は課長にネパールに行きたいと告げ、彼の上司がサインした書類を見せました。課長は「わかったよ、ディーペンドラ。彼に確認を取ろう。話ができたらすぐに知らせる」

彼はそれから6カ月も待たせてから言いました。「ディーペンドラ、君がいない間に働く人間がいないと困る」「課長、エクセルが使えてファイルやレポートが作成できて

Eメールが送れる人をどうやって探せというんです？　たとえ見つかってもその人が信用できるかどうか、どうしてわかりますか？　とてつもなく時間がかかります、それはできません」「だが誰かを見つけてもらわないと困る」「でも課長、私には知り合いがいません。どうやって見つけろと？」

許可されている2～3カ月の休暇ではなく、2週間の休みでもかまわない、と私は提案しました。「わかった、考えてみよう」と言われましたが、私はすでに決めていました。帰国できたら、もう二度とこんな地獄に戻ってくるつもりはありませんでした。

1週間後、課長は私に、未払い給料がいくらあるのか、ボーナスも含めての金額をリストアップするように言いました。「君の仕事ぶりには感心している。だからボーナスも2回分渡そう」私はとても嬉しくなりました。たくさんのお金が手に入るのです。ところがすべてにサインした後、課長は言いました。「未払いの3カ月分の給料はまだ渡さない。休暇から戻ってきたら、支払おう」。私は結局、一文なしでした。

束縛から解放されて

何度も何度もディーペンドラは書類へのサインを求められた。最初は暴利を貪ろうとする金貸しに呼び戻され、窒息しそうな内容の裏の契約書に、弁護士や証人の立ち合いのない場所でサインさせられた。それから会社の上司たちが、ディーペンドラの同意を得るためだけに、その場しのぎであらゆる約束を書いてサインした書類。結局は規則が変わったり約束が延び延びになったりした。それは会社があらゆる訴訟の可能性から自らを守る手段だったのだと、後に彼は理解した。たとえ会社側が契約を守っていなかったとしても、何か疑問が呈されたときにはいつでも書類を見せられるからだ。

課長は言いました。「ネパール行きの航空券を購入しなさい。そしたらどんな支援ができるか考えるから」。航空券を買うために、私は友人からお金を借りました。私は航空券のコピーを課長に渡しました。2年間の契約を満了したら、飛行機代を会社が払うことになっていたので、もらえるものと思っていました。けれども課長からは何のオファーもありませんでした。

3カ月分の給料は約3000リヤル（835ドル）で、ボーナス2回分は5000リヤル（1375ドル）、航空券代は1200リヤル（330ドル）でした。つまり会社は私に8000〜9000リヤルの債務があるのです。私には所持金が1ペニーもありませんでした。家族をいいところに、ランチやディナーに連れ出してやりたいと計画していたのに。

それから、私は課長に出国許可証を発行してほしいと頼みました。課長は了解したと言いましたが、私はその夜一睡もできませんでした。翌朝早くに空港に行かねばならないのに、出国許可証が手元にないのです。

私はまだ許可証がない状態で空港に行きました。どうしたら出国できるだろうかと、とても不安でした。するとある人が私の名前を呼びました。「どこにいたんだい、君の許可証だよ」。そうしてその許可証を手渡してくれ、私は本当に嬉しかった。3カ月分の給料とも、比べものになりませんでした。

私が帰国し2週間が経った頃、課長が電話をかけてきました。「ディーペンドラ、飛行機を予約しよう。いつ戻ってくる?」私は言ってやりました。「申し訳ありません、私にとっては嬉しいことですが、私はもう戻りません」。課長が「まだ払っていない給料はどうする?」と言ってきたので、私は落ち着いた声で答えました。「あなたに差し上げますよ、ボーナスとしてね」

ディーペンドラは、家族が窮乏に瀕していたにもかかわらず、残り3カ月分の給料を諦めてまで、カタールに戻らないことを決めた。

けれども借金による束縛は終わったわけではなかった。そもそも彼が強制労働に送り込まれる原因となった、高利貸しへの借金返済義務が、まだ残っていたのだ。利率60%という数字は、元本残高を永遠に返済できないことを意味していた。

すぐに、家族を養いつつ借金を返済するという必要から、ディーペンドラは国外での出稼ぎ先を探すことになった。しかし今回はノウハウを身に着けていたため、人身取引加害者を避けることができた。

第1に、就職斡旋の広告や代理店を見る際に注意すべき点は何かがわかっていた。ネパールのそういった代理店の95%は、カタールに彼を送り込んだ代理店のように腐敗している、というのがディーペンドラの見立てだ。けれども二度目の今回は、怪しげな代理店には引っかからず、適切な職業紹介を行っているところを見つけることができた。紹介されたのはドバイでの仕事で、それは事務職ではなかったが、ディーペンドラにとって、そのことは問題ではなかった。

第2に、ディーペンドラはネットでリサーチを行った。まずはドバイの一般的な労働条件を調べる。その企業のウェブサイトを見て所在地を確認し、その他できる限り詳細を探し、状況をつかむことができた。

第3に、とにかく問いを発した。すでにドバイで自由の身で働いている同国人に頼んでその会社を調べてもらい、青信号を受け取った。

ディーペンドラはその仕事に就くことに決め、実際その仕事はまともで、約束通りの給料が支払われた。良い宿泊所と食べ物が供与され、安全で、いつでも出ていくことが可能だった。それでも彼は故郷の家族から遠く離れたところに、ただただ借金のせいで、滞在していた。

ディーペンドラが、2013年にロンドンで行われた私たちの第2回カンファレンスに参加してくれたのは、ちょうどその時期だった。そこで奇跡的なことが起こり、彼は債務奴隷状態から解放された〔序文参照。カンファレンス参加者が債務返済と慈善団体設立のための資金提供を申し出た〕。

今ディーペンドラは反人身取引団体「セーフティー・ファースト財団」を、自身の地元であるヒマラヤ地域で運営している。団体を立ち上げるのは容易ではなかった。どこを向いても腐敗にぶつかり、政府の役人たちから、登録書類の処理を早めるための賄賂を要求された。ネパールでは、やることなすことすべて詐欺にまみれている、とディーペンドラは私に語った。そのため彼の財団は設立までに約6カ月かかったという。

そして2015年にはあの大地震が襲い、ディーペンドラと妻と友人たちは、その後に続いた危機への対応を余儀なくされた。財団を通して調達した資金で食料や医療物資を準備して、さらに山奥の、地震で交通が遮断された地域へと届けた。精神的な傷を負った地元の子どもたちの回復を支援するために、学校の再建にも尽力した。

財団はまた、人身取引された人々のカタールからの帰国を支援する役割も果たしている。

サプライチェーン上の奴隷制を知らしめる

ディーペンドラは、ヒマラヤ地方の山奥にある故郷の村に、研究者たちが来て調査やデータ収集を行う支援ができるような施設を作った。ちょうど、何年も前に彼自身がカタールでアンドリュー・ガードナーの手助けをしたときのように。人身取引問題に関わる私の友人たちも、ディーペンドラのこの貴重なサービスを利用したことがある。

より多くの研究者が強制労働について調査を行い、メディアが大企業のサプライチェーン上の奴隷制の問題に光を当て始めたことは、とても喜ばしい。過去2年間、ジャーナリストたちが、奴隷労働が蔓延するタイの漁業、インドのマイカ（雲母）鉱山における子ども奴隷たちの死、カタール・ワールドカップを前にしたサッカーと奴隷制、コートジボワールのチョコレート産業における子ども奴隷たちについて、調査報道を行ってきた。それ以外にも、ブリテン島じゅうの洗車店で手作業で車を洗う何百人という労働者が、東欧からいかに誘い出され、債務労働の奴隷になったかをあぶり出した。イギリスのネイルサロンやハシシュ（大麻）農場で奴隷労働させられている、ベトナム人たちについても同様だ。

これらの調査報道は世界中で見出しを飾り、現代奴隷についての認識を消費者に広めるだけでなく、企業に対してもサプライチェーンを浄化するよう行動を呼びかけている。文字通り、こうした調査報道がされない月はない。私が主宰するトムソン・ロイター財団もいくつかそういう記事を発表し、また世界中のジャーナリストたちに、このテーマを自国でどう取材したらよいか、研修を施している。自社の生産ラインでの不正行為や業界での強制労働が見つかってメディアの注目を集めると、企業は必ず即対応する。悪い行動や人権侵害などによって企業ブランドが傷つくリスクは、企業にとって最悪以外のなにものでもない。

次に奴隷制に大きな変化が訪れるとすれば、それは消費者が、奴隷労働によって生産されていないことが確実でない限り、タイあるいはその他の疑わしい国で生産された冷凍エビを買わない決心をするときだろう。私はこの犯罪に加担しないために、冷凍でなく生のエビしか買わないことにしている。フランス、イタリア、イギリスでは、漁業者は奴隷労働させられていないからだ。変化が起きるのは、消費者が、原料の綿花が確実に倫理的な労働慣行によって収穫されていない限り、Tシャツは買わないと決心するときだろう。われわれはまだそこまで行っていない。いやむしろ、まだはるか遠いところにいる。

ファストファッションへの狂騒的な渇望は、ますます気まぐれになる消費者ニーズに応えるべく、安い服を記録的な速さで生産させ、とどまるところを知らない。それは業界が常に、より安くより速い生産を求め続けることを意味する。ロンドンに住んでいると、ケイト・ミドルトン（キャサリン妃）やメーガン・マークル（メーガン妃）が身に着けたドレスや小物と同じ商品の在庫が即刻売り切れる様子には、呆然とする。王室ファミリーの気分を味わいたいという欲望の、なんと強いことだろう！

だが消費者ニュースにも明るいものがある。最近、マサチューセッツ州のある消費者グループが、ネスレを相手どって集団訴訟を起こした。「危険な児童労働および人身取引された児童の奴隷労働を含む、国連の定める『最悪の形態の児童労働』を使ったコートジボワールのサプライヤーから、定期的にカカオ豆を輸入している」というのがその訴えだ。訴状によれば、消費者たちは、もしそれらの虐待事実を知っていたらネスレのチョコレート製品は買わなかったと言う。訴訟の結果はまだ出ていないが、このような画期的な取り組みが見られるようになってきたことは喜ばしい。公平を期すために付け加えるなら、ネスレはすでに自社のサプライチェーンの浄化のために多大な労力を注ぎ始めている。

有名ブランドに勤めるある専門家の最近の話では、彼らの調査で、消費者は買い物の際に罪悪感を覚えるのを嫌うことがわかったという。つまり、もし企業が自社製品を売りたくて消費者に敬遠されたくなければ、奴隷制という言葉に言及することは、仮にその製品が「奴隷労働を使っていない」と謳うにしても、難しいということだ。

奴隷労働は世界中のあらゆる場所で、私たちのすぐ目の前で起こっており、決して他人事ではないということを、私たちはようやく理解し始めた。いつかは消費者がみんなそろって注目する日が来ると私は楽観している。そのきっかけが何になるのかはまだわからないが、私はそのために努力を惜しまないつもりだ。

トランスパレンテムの活動

40年前、企業は労働コストが安い国々から、製品やサービスを大量に調達し始めた。大量消費によって賃金が引き下げられ、そのような中で強制労働が蔓延する完璧な条件が作られた。

サプライヤーが奴隷労働を使っていても、ほとんどの企業は気づかない。サプライチェーンがあまりに複雑になり過ぎて、監視するのは至難の業なのだ。正しいことをしようともがく多くの企業は、サプライチェーンの末端にいる人々の労働条件をすべて明らかにしようと格闘している。ただ彼らの監査方法が、それに対応しきれていない。

アップルを例に取ろう。この超大規模IT企業は台湾大手のフォックスコン（鴻海《ホンハイ》科技集団）から部品を調達していたが、中国本土にあるいくつもの工場では、労働者への虐待が常態化していた。従業員が14人も自殺し、さらに150人が集団自殺をほのめかして抗議するなど、労働条件は最悪だった。

2012年、否定的な報道がなされたことをきっかけに、アップルはサプライヤーにおける労働慣行について真剣に向き合わざるを得なくなった。それ以来、監査プロセスに大幅な改定を加え、奴隷労働やその他の虐待が見つかった場合の対応を、飛躍的に向上させた。同社は何百万ドルも投じて、無報酬での労働を強制された人々に賠償を行い、サプライヤーに厳しい行動規範を課した。アップルとそのサプライヤー企業は連携して、搾取をほぼ根絶している――2018年11月に「奴隷労働根絶賞（Stop Slavery Award）」を受賞し、それもすべての審査部門で1位を獲得するまでになった。アップルは奴隷労働をまったく使っていないと断言はできないが、正しい方向に向かって着実に取り組んでいる。

前述したあるNGOは、このような企業精査のプロセスを非常に賢く制度化している。ニューヨーク在住のベン・スキナーが設立したトランスパレンテムは、アジア数ヵ国で現地調査を行い、奴隷労働の実態を記録している。調査で明らかになった事柄はすぐに公開するのではなく、悪質なサプライヤーを抱えるブランド企業に、まずは無料で情報提供する。

こうして警告を受けた企業は、問題に対処する時間的猶予を与えられる。なんら取り組みがなされなかった場合、トランスパレンテムはその企業の理事会メンバーに宛てて情報を送る。それでも何も反応がない場合は、メディアに情報を提供する仕組みだ。ベンは元記者なのだが、この画期的な方法は、ジャーナリストの脳みそでこそ生まれた発想だと言えるだろう。情報を全面開示する意味でも、私自身この団体のディレクターの一人だということをお伝えしておく。

2017年にトランスパレンテムはバングラデシュの皮なめし工場をいくつか調査した。ケイト・スペード、クラークス、マイケル・コースなどをはじめとする欧米企業のサプライチェーンの一部だ。名前の挙がったブランドの多くはすぐに行動を起こした。コーチのようなアメリカの高級バッグ・ブランドでさえ（報告書が出た当初は否定していたが）、最終的にはサプライヤーと話をし、企業行動を改め労働者の搾取をやめるよう、仕組みを整えさせた。

しかし、真に企業セクターの前進を促したのは、新たな法律の導入だった。先行したカリフォルニア州の法律に続き、イギリスで成立した2015年現代奴隷法が、年商3600万ポンド以上の企業に、サプライチェーン上で起きる強制労働に対処するために何をしているかを明らかにするよう義務付けたのだ。ただし、これは始まりに過ぎない。法律にはまだまだ威力が必要だ。現状では罰則がなく、企業はただウェブサイトに、何もやましいことはしていないと書けばよく、何も罰は与えられない。

2017年にフランス議会は似たような法律を採択したが、年商の規模ではなく企業規模に焦点を当てている。そのためこのフランスの新しい規則に影響を受けるのは150社にとどまる。オーストラリアも2018年に現代奴隷法を通過させ、こちらはイギリスよりさらに進んで、報告書に含まれるべき事項が規定され、企業が遵守しない場合に重大な結果を招くという点も記された。オランダも、新たな法律を作ろうとしている。

法律の制定は大企業のCEOや理事会に問題を認識させる役割を果たし、それはもちろん重要なのだが、だからといって奴隷制が終焉するわけではない。法律で肝心なのは、それが執行されるかどうかだ。たとえばインドには人身取引や債務労働に関する法律がたくさんある（後者は1976年に禁止された）が、執行されることは稀だ。実際、世界の奴隷人口の3分の1はインドにいるとされている。

セクターを越えた協働の必要性

真の変化は、セクターの垣根を越えた協力と専門知識の共有、すなわち産業界・政府・市民社会が協働することから始まる。そのような変化が徐々に増えている様子を私たちは目撃している。この問題に単独で立ち向かえる企業は皆無だが、他の小売業者、納入業者（サプライヤー）、加工業者、NGOと協働し、強制労働のリスクを特定し、サプライヤーを訓練することに関して、企業はどんどん熟達してきている。

電子機器企業の連合体である「責任ある企業同盟」（RBA）は、サプライチェーンの従業員やコミュニティの権利を守ることを約束している。地球規模での持続可能な綿花プログラムである「ベター・コットン・イニシアティブ」（BCI）は、農家からファッションブランドに至る関係者すべてをつなぎ、世界中の綿花生産の標準を上げようとしている。その目標は、労働条件の改善、環境負荷の低減、そして産業の競争力強化だ。同様の動きが、多くの他の産業でも起きている。

巨大で複雑で多重構造になった世界のサプライチェーンの特質からいっても、力を結束することが必要なのは疑いようがない。

ニューヨークタイムズのコラムニスト、ニコラス・クリストフが以前私のイベントで語ってくれた話は、私のお気に入りだ。女性や子ども（の性）をネットで売買しているバックページ・ドットコムというウェブサイトについて調査していたとき、その親会社の株式の16％をゴールドマン・サックスが保有していることをクリストフは突き止めた。そこで彼はこの情報をもって銀行に出かけ、人身取引に関与しているウェブサイトに自分たちが投資していることを認識しているかと訊ねた。ゴールドマン・サックスは驚き、あわててすべての株式を売却した。私に言わせれば、それは少々早まった対応だった。なぜならゴールドマン・サックスには、大株主としての発言力を用いて、バックページ・ドットコムに人身取引広告の掲載をやめさせることができたかもしれないからだ。

投資家や大規模投資ファンドは、内債を扱っている場合は特に、企業に投資する前の段階で、マネーロンダリングや腐敗の問題と同様に、強制労働についても注意を払う責任を負うべきだ。この方面では投資グループたちが叡智を結集して、奴隷制との闘いに挑もうとしている。２０１８年、イーベイ創設者ピエール・オミダイアとその妻パム・オミダイアが始めたヒューマニティ・ユナイテッド財団は、企業のサプライチェーン上の人身取引と闘う若いテクノロジー企業に投資する新たなファンドを始めた。ウォルト・ディズニー社、ウォルマート財団、C&A財団や有力投資家らの支援を受け、このファンドは２３００万ドルを集め、製品のトレーサビリティ（追跡可能性）、従業員エンゲージメント（満足度）、リスク・アセスメント（評価）、倫理的勧誘方法という4つの投資テーマに直接投資を行っている。

私は２０１２年にトラスト・ウィメン・カンファレンス（現トラスト・カンファレンス）を

始め、奴隷制と闘うために、国内外から立場の違う多くのプレイヤーたちを一堂に集めた。互いに知り合い、つながり合い、調整し合い、アイデアを出し合い、提携し合い、最終的には実際にアクションを起こすことができるように。私たちは個別にではなく、ともに行動するのだ。

そして早くも影響を及ぼし始めている。トラスト・カンファレンスは現在、世界最大の反人身取引フォーラムだ。闘いに勝利するためには、政府、企業、投資家、株主、そしてNGOが前線に出なければならない。メディア、消費者、そしてサバイバーも、行動する必要がある。これら分野の異なるすべてのアクターたちを一堂に集めて、どのアクションを開始すべきかを、決めていくのだ。

2016年に、偉大な幻視芸術家アニッシュ・カプーアと私は、一緒に、サプライチェーンから強制労働をなくすために最も努力している企業を表彰する「奴隷労働根絶賞」を創設した。賞品はアニッシュが生み出した美しい彫刻だ。候補企業は、非常に長い質問票に回答しなくてはならない。毎年いくつかの賞を授与しているが、過去の受賞企業には最優秀賞のアディダス、ヒューレット・パッカード、インテル、C&A、NXPセミコンダクターズ、Co-opグループなどがある。アップルが最優秀賞を受賞したのは2018年で、同時にユニリーバも受賞。強制労働との闘いにおける、ポール・ポルマンCEOの指導的役割が評価されたものだが、審査員からは、サプライチェーンの浄化にはまだまだ努力する余地あり、との但し書きがついた。

すべての受賞企業が私に、受賞はスタッフにとってすばらしいモチベーションになる、と言ってくれた。社員たちが、倫理的行動が認められるような場所で働くのを誇りに思うからだ。

注目に値するのは、候補企業のほとんどが過去に不祥事を起こしてメディアの注目を集めており、そこから奴隷制の問題に真剣に取り組むようになっていることだ。賞の創設から最初の3年に多くの大企業が候補となっており、それは、「奴隷制」という言葉と結び付けられることを、もはや彼らが恐れていないことを示している。私には、これが非常に大きな前進に思える。

けれども企業はまだ自らの反奴隷制の取り組みをあえて喧伝しようとしない。顧客が店でそのブランドの商品を買わない場合、罪悪感を与えたくないからだ。しかし解決の多くが消費者からのみ起こり得ることを、私たちは知っている。きっといつか彼らも「もうたくさんだ！」と言う日が来るだろう。2018年2月に、アメリカの若者たちの大群が、またも繰り返された学校での銃乱射事件を受けて、もうたくさんだ、と叫んだのと同じように。それは、銃規制反対派に対して立ち上がり、自分たちの声を広く知らしめる時が来た、ということだったのだ。

世界中の消費者が、もはや奴隷制という犯罪の共犯ではいられないと気づくとき、解決への道はずっと容易に見つかるだろう。

第10章 解決法——個人から、分野を超えた世界的な関わりへ

何年もの長きにわたって、人身取引産業は目に見えないところで増殖してきた。この残酷非道な行為が地球上すべての国に存在することを人々が理解し始めたのは、ごくごく最近のことだ。ここまで見てきたように、大企業はどこも「わが社は奴隷労働とは無縁だ」と断言はできないし、私たちすべての消費者も、どこかで奴隷労働によって作られた製品を、買ったことがないとは言い切れないだろう。

知識は行動へつながると私は信じていて、啓発という課題についてはかなり大きく前進したのではないかと思っている。基本的にそれはメディアのおかげだ——調査ジャーナリズムは死んでいなかったのだ！

各国はもはやこの問題から目を背けたり「わが国には奴隷はいない」と言ったりはできない。企業はもはやサプライチェーン上の強制労働のリスクを無視できない。背景のひとつとして、もっと透明性を求める法律の存在がある。

これらは大きな前進だが、まだまだやるべきことはたくさんある。私はよく「奴隷制を止めるために、私は何をすればいいですか？」と訊かれる。

以下に、いくつかの提案を述べよう。すべては、知識ある消費者になることから始まる。私たちはなんといっても、物事の見方を変えることができるのだ。

以下は、私たちができることだ――それも毎日。

問いを発する

- 宝飾店の店員に、商品の金や銀やダイアモンドがどこから来ているかを知っているか、そして全般的にそれらの生産地について知っているかどうかを訊ねてみよう。もしかしたら店員は答えを準備しているかもしれず、だとすれば、他の客があなたの質問を耳にして、関心を抱くかもしれない。
- 同じことを、冷凍エビを売っているスーパーで訊ねてみよう。あるいは靴やバッグを買うときに、革の産地がどこなのかを訊いてみよう。あるいはTシャツについて、綿花はどこで収穫されたものなのかを質問しよう。
- 労働するにはあまりに若いと思われる人がいたら、訊いてみよう。学校に行ってますか？お給料をもらってますか？と。

・犬の散歩で公園に行ったら、そこにいるベビーシッターたちに質問してみよう。または日曜日にマクドナルドに行って、家政婦たちと話をしてみよう。家から出るのを許されていない人がいれば、彼らはそのことを知っているはずだ。

・洗車サービスの男性やネイルサロンの女性にチップを渡すときは、チップ入れの箱にではなく、相手に直接渡そう。

・ホテルのメイドやウェイトレスにも同じように、チップは本人に直接渡そう。ホテル業界ではあまりに多くの仕事が下請けに出されていて、その労働者が実際に給料を受け取れているのかどうか、あるいは誰か第三者が支払いを受け取り、それを労働者に渡しているのかどうか、わからないからだ。

手紙やメールを書く

・警察や地元自治体に、近所の洗車店やネイルサロンやマッサージ店は安全な店なのかどうかを訊ねてみよう。それらは合法的な経営か？　税金を払っているか？

・もっと大切なこととして、それらの店では奴隷労働が行われていないと、警察は断言できるか？　もしひと月に20通こんな手紙を受け取ったら、警察も返信を迫られるし、断言してもいい、返信する前に警察は必ず確認に行くはずだ。

・同じ質問を、地元選出の議員に書き送ろう。選挙区内で強制労働が行われないようにするために、何をしているかを訊ねてみよう。

・企業の社長（CEO）宛てに、自社の生産ラインやサプライチェーンについて同じことを訊いてみよう。もし社長がこのような手紙を1カ月に20通受け取ったら、無視できないはずだ。それがもし2000通だったら、どうなるだろうか。

電話をかける

・何か怪しいと思ったら、あなたの国の人身取引相談電話や警察に電話して知らせよう。たとえば、ゴミ出しの時以外一日中家から出ず、いつもびくびくしているような女性がいるとか、あるいは向かいの家で夜中の1時に皿洗いをしている子どもがいるとか。これら二つの例は、実際に加害者逮捕につながっている。近隣住民が警察に通報し、被害者は救出された。

・幼い女児が毎朝とても疲れているなど、学校で何か異変を感じたら、教師、校長、あるいは福祉担当者に伝えよう。自分の子どもにも、ティーンエイジャーになる前に、このことを教えておこう。

・カフェやバーなどで何か怪しい会話を耳にしたら警察に知らせよう。慎重に、でもできたら怪しい人物たちの写真を撮っておこう。

プロボノで働く

- あなたがもし弁護士、心理療法士、ヨガのインストラクターなら、サバイバーのために無料でサービスを提供しよう。
- プログラミングなど実用的な技術に通じているなら、サバイバーに教育訓練を施すこともできる。多くのNGOが、そのような支援を心底望んでいるサバイバーにつなげてくれるだろう。われわれの財団ももちろん、何名か紹介することができる。

寄付をしよう

- 効果的な反人身取引活動を最前線で行っている慈善団体やNGOに寄付をしよう。もっとも、どの団体が真の変化をもたらしているのか見分けるのは至難の業だ。私たちは最近「Stop Slavery Hub（奴隷制を止めよう）」というウェブサイトを開設した。こういった情報や世界中の人身取引関連ニュースを掲載している〔現在は閲覧不可となっている〕。

これらのシンプルな事柄を私たち一人ひとりが行っていけば、やがて真の変化を引き起こし、奴隷とされている人々に自由と正義がもたらされることになるだろう。

必要なのは、一般市民の認知度向上をリアルに加速させることだ。多くの要因、そしてメディアのおかげで、事実それはすでに始まっている。

さらなるメディアの調査報道

メディアの報道はすでにかなり増えている。たとえばロンドンでは、『イブニング・スタンダード』紙が２０１７年に「街なかの奴隷たち」と題する3カ月の特集を組み、この複雑な犯罪を可能な限りあらゆる側面から報じた。

これまでも調査報道は決定的な役割を果たしてきている。トムソン・ロイター財団もこの問題を取り上げる媒体のひとつとして日々「trust.org」に発信し、実際に認知の拡大に貢献してきた。私たちの記事はロイター通信によって拡散し、日々、世界中の多くのメディア媒体に掲載されている。今やインド、バングラデシュ、タイ、カンボジア、メキシコ、ブラジル、イギリス、アメリカに記者がいて、日夜この問題を追いかけている。

インドではラジオもまた大きな役割を果たし始めている。ニューデリーのある人気ラジオパーソナリティーが、多くの家事労働者が人身取引の被害者であり、ときにはその雇い主ですら、自分の台所で皿を洗っている少女が、両親から行方不明の届け出が出されていることを知らない場合もある、と語っている。ラジオは、人身取引の状況をどうやって見分けるか、そしてどうやって防ぐかといったことをリスナーに知らせるのに、ちょうどいいツールなのだ。

ラジオはまた、サバイバーが自らの物語を語るにも、うってつけの媒体だ。匿名で話せる一方で、リスナーには親近感を与えるからだ。多くの国やコミュニティがこうした取り組みにヒントを得て、一般の人々に奴隷労働の危険と広がりの大きさを知らせることができたら、奴隷制は社会的に容認できないものとなっていくはずだ。

これらメディアの積極的な取り上げ方は希望を与えてくれる。もっともっとこうしたメディア露出が増える必要があると思う。

さらなる法整備と財政出動

法の支配というものを人権の後ろ盾にする重要性は、いくら強調してもしきれない。そこで、この数章で語ってきたことを繰り返すことにしよう。イタリアの元外務大臣で力強い活動家であるエマ・ボニーノが以前話してくれたことだ。1960～70年代、非常にカトリック色の強いイタリアで中絶の権利とリプロダクティブ・ライツ（性と生殖に関する権利）を訴えていたときは、まるでお前は売春婦だと言わんばかりに後ろ指をさされていた。けれどもついに法律が成立すると、突然敬意を示されるようになり、メインストリームへ迎え入れられたのだという。

考えてみると、まったく同じことが同性愛や同性結婚の権利についても起きている。制度的な変化と社会の変化は切り離せない関係にある。

実際、米カリフォルニア州のサプライチェーン透明化法に続き、いくつかの国の政府が取り始めた政策には勇気づけられる。前に書いたように、2015年に現代奴隷法（テリーザ・メイの功績のひとつに数えていい）を作ったイギリスを皮切りに、その後フランス、カナダ、オランダ、オーストラリアが続いた。2016年には45カ国が加盟するバリ・プロセスが「人の密輸と人身取引に関する宣言」を発表し、企業が果たすべき役割が強調された。

フィリピンの事例はとても興味深い。この国にはいまだに何千という人身取引被害者がいるが、私はこの国の状況に希望を持っている。その大きな理由は、あるひとつのNGOが非常にクリエイティブな方法で奴隷制と闘おうとしていること、そしてついには政府の支持を取り付けた（ロドリゴ・ドゥテルテが大統領に選ばれる前に）ことだ。センセーショナルなシリア・フローレス＝オエバンダ（10代で反政府活動（対マルコス政権）に加わり山中でゲリラ戦を行う中で出産、やがて捕らえられ獄中で過ごした後、子どもの人身取引問題を知って活動を始めた）率いるヴィサヤン・フォーラム財団は、強制捜査をお膳立てして人身取引被害児童が売り飛ばされる前に救出したり、脆弱な立場にある人々に教育を施したり、被害者に必要な安全や住居、その他の支援を提供すると同時に、何十年にも及ぶ努力を実らせ、フィリピンにおける反人身取引法の成立と施行を実現させた。

この法律は最初2003年に可決されたが、不備が多く不満が続出したため、2012年に改正法で仕切り直しとなった。フィリピン政府の諸閣僚や副大統領本人が、ヴィサヤン・フォーラムを、この法制度の形成と実現に中心的な役割を果たしたとして称賛している。

フィリピンにはまた、アジアで最も先進的な、家事労働者保護の法律がある。実は私自身、「トラスト・ロー」〔次項で詳述〕のプログラムを通してセシリア・フローレス＝オエバンダにホワイト&ケース法律事務所を紹介したことで、この動きに貢献できたと誇りに思っている。この法律事務所は各国の家事労働者に関する法体系を調査しており、セシリアはこの調査結果を使って、フィリピンにとり何が最善なのかを議員たちに訴えた。その結果、家事労働者に関する法律が制定され、同国の労働者200万人の人生が変わったのだ。ここ数年、フィリピンにおける人身取引の訴追件数は急増している。同様に、被害者救出作戦の成功件数も増加しており、それはヴィサヤンや他のNGOが政府機関とタスクフォースを作って協働している成果だ。

アメリカでは、シリコンバレーのIT大手数企業による〔グーグルが主導した〕法成立阻止の大々的な活動を振り切って、2018年3月、バックページ・ドットコムなどのウェブサイトを「性的人身取引を可能にする情報を公開した罪」に問うことができる法律が制定された。この新しい法律により、被害者は、オンラインの人身取引加害者の刑事的責任を追及することが可能になった。法制化のために何年も闘ってきた多くの勇敢なサバイバーとNGOにとっての、大きな勝利だった。

2018年4月、バックページ・ドットコムは政府諸機関の合同捜査によって摘発され、現在サイトは運用を停止している。数日後に当局はこのサイトの創設者2名と従業員5名を、売買春、売春斡旋、マネーロンダリングなどの罪で告発した。クレイグスリスト、レディットなど類似のサイトは慌てて、性的な広告の掲載を中止すると発表した。

言及しておきたいのは、バックページ・ドットコムの閉鎖がアメリカで大きな議論を呼んだことだ。自発的なセックスワーカーたちが、オンラインで顧客を勧誘できないとなると、自分たちの仕事はさらに危険で困難なものになると訴えた。たしかに合法的なセックスワーカーにとっては迷惑な話だっただろうが、人身取引加害者にとってはそれこそ致命的な問題なのであり、それは常に良いことのはずだ。

しかし悲しい現実として、バックページ・ドットコムでこれらの広告が禁止されるやいなや、今度は何十もの他のウェブサイトが似たようなサービスを始め、広告が掲載されるようになった。人身取引業者は、法執行当局より動きが素早い。

イギリスやアメリカの法執行機関や司法機関が、人身取引の発見とその後の対応について一般の人々を啓発し始めたことで、訴追件数は2017年、2018年と、これまでになく増加傾向にある。全世界で数千件とまだまだ非常に少ないが、それでも正しい方向に向かってはいる。

しかし、世界中の政府が奴隷制との闘いに充てる予算は、雀の涙のような額に過ぎない——年商1500億ドルという巨大産業に対し、わずか10億ドルにも満たないのだ。われわれはもっとうまくやる必要があり、近い将来、それも可能だと私は確信している。2017年に辣腕家ジーン・ベイダーシュナイダーが創設し、アメリカとイギリスの政府がはじめに出資を行った「現代奴隷制を終わらせるための世界基金（Global Fund to End Modern Slavery）」もまた、良い方向への一歩だ。

増えつつある、部門を越えた関わり合い

反奴隷制NGOは資金や地位を獲得しつつあり、同時に、企業もまたこの問題に気づき始めている。重要なことに、官民連携の増加が見られていて、これは実質的な変化をもたらす鍵になる。われわれがバラバラに分かれたままで、部門を越えた連携をもって取り組めなければ、前進するわけがない。

トムソン・ロイター財団ではこの問題に全方向から取り組んでいる。まずは、第一線で活動

する最優良NGOに無料法的支援を提供する、プロボノ・プログラム「トラスト・ロー」を通して。あるいは、専門の記者チームが現代奴隷問題を報道するジャーナリズムを通して。また、「奴隷労働根絶賞」を通して。そして、毎年のトラスト・カンファレンスを通して……。私たちは各自の技術を使い、バラバラではなく力を合わせ一緒に物事を進めて行って初めて、前に進むことができる。

奴隷制が、閉ざされた部屋の中で、少人数で議論される時代は終わった。このテーマは舞台の真ん中に躍り出て、世界規模での対話を促し、そこから啓発と行動の新しい時代がやってくるのだ。

より正確なデータの収集と共有

データという主要分野において、奴隷制との闘いは、本来あるべき位置よりかなり後れを取っている。

データは反人身取引の世界における聖杯のようなものだ。データの収集・分析は、多くの人身取引事犯を追及するのに不可欠なツールになりつつある。法執行機関はあらゆる情報や画像を分析することで人身取引加害者を根絶できる。人身取引はしばしば国境や海を越えるので、すでに見たように、被害者証言だけが頼りという状況では、検察はとても苦労する。元加害者に脅されている被害者は怖くて何も話せないかもしれないからだ。

2014年、国防総省の一部門である国防高等研究計画局（DARPA）が「メメックス（Memex）」というプログラムを立ち上げ、インターネット全体を検索しパターンを見つけるまったく新しい方法を始動させた。開発したのは発想力豊かな青年クリス・ホワイトで、彼が最初の試験運用プロジェクトとして選んだのが性的人身取引だった。このプログラムは、通常のインターネットとダークウェブの双方において人身取引の特徴をつかむことで、警察などの捜査官が人身取引加害者を追跡するのに役立っている。

膨大な数に上るネット上での性売買と格闘するには、従来の方法や商業的検索エンジンを使っていては埒が明かない。メメックスを使えば、一連の広告に共通する性質（たとえば女性の写真、ウェブサイト、住所、電話番号など）を洗い出すことで、別々の投稿やネット上の別空間であっても関連性を見つけ出せる。特定の人物が人身取引被害に遭っているかどうかを見極めるために、隠語、画像、烙印タトゥーなどの目印を使うことができる。

2017年秋現在、人身取引を見つけるために300の機関がメメックスを使っている。メメックスはDARPAの手を離れ、現在はサイラス・ヴァンス財団のもとで活用され成果を収めている。このプログラムによって、アメリカ、イギリス、フランスのあらゆる法執行機関の捜査が、何百という逮捕や訴追に結びついている。

現代奴隷関連のデータを収集するツールは、メメックスだけにとどまらない。マイクロソフトも、オンライン上の性的人身取引やサプライチェーンにおける強制労働を追跡する役割を果たしている。サイバー犯罪を扱う警察と協力してビング、スカイプ、テレグラムなどのサイトを閲覧し、児童の性売買がどう検索されているのか解明しようとしているのだ。アシュトン・カッチャーとデミ・ムーアによって設立されたアメリカの反人身取引財団「ソーン（Thorn）」は、押収された児童の性虐待画像を分析し、被害者を特定し発見するためのさまざまなプログラムを開発している。国際刑事警察機構（インターポール）も類似の被害者特定技術を使って法執行機関やホットラインと連携しており、数十カ国で虐待の報告が行われている。

これらのプログラムはみな、何千人もの性的人身取引被害児童の発見に役立っている。被害者発見の糸口をつかむことは、9割の確率で、加害者の発見をも意味する。多くの場合、加害者は親しい家族の中にいる。

こうした類いのテクノロジーが発展・拡大していくなかで、人身取引加害者やその他の犯罪者たちは駆逐され始めるだろう。

ここで「セクストーション（性的脅迫）」についても一言触れておきたい。これは性的人身取引の定義にぴったり重なるわけではないが、アメリカの10代の若者たちの間で恐ろしい脅威となった現象であり、今や世界中に広がりつつある。

セクストーションとは、力ある立場の者から、本来無償で与えられるべき何らかのサービス（仕事場その他において）と引き換えに、性的な要求を受けることだ。腐敗の一種とも言えるが、違うのは、金銭ではなく、より親密なサービスが求められることだ。これがオンライン上で行われると、大人が10代の少年少女に自らの画像や映像を送らせる行為となり、その内容は徐々に過激になっていく。最初は遊びや冗談のようにして始まるのだが、やがてすぐに、もし被害者がさらなる要求に応じなければ、フェイスブックなどＳＮＳに画像を晒してやる、という脅しに発展する。攻撃対象になった10代の若者たちは恐怖に陥り、多くの自殺が引き起こされている。

トムソン・ロイター財団のトラスト・ロー・プログラムはこの現象に対し、法改正を視野に入れて法的調査を行った。アメリカの多くの州では最近法律が改正され、セクストーションは訴追可能な犯罪になっている。

最近のセクストーション未遂事件で最も有名なのが、アマゾンのＣＥＯ、ジェフ・ベゾスに関するものだ。ベゾスは、『ナショナル・エンクワイラー』紙から、自身についての同紙の記事について調査を止めなければ、性的な写真を公開するという脅迫を受けていたことを明かした。「私の立場にあってさえこのような脅迫《エクストーション》に立ち向かえないのだとすれば、いったいどれほどの人が立ち向かえるというのか？」とベゾスは２０１９年2月に書いている。

より多く、より質の高いデータを集めるべきもう一つの理由は、いったい世界には何人の奴隷がいるのか、より正確な数字を把握して、実数に近づけていくことだ。そうすれば結果的にその数字が増えているのか減っているのかがわかり、分析と、まとまった反人身取引の取り組みを促すことになるからだ。

世界に約4030万人いる奴隷（ILOの推計）のうち70％が強制労働、30％が性的人身取引の被害者であると一般に言われている〔正確には、30％は「強制結婚の被害者」であり、「性的人身取引の被害者」ではない。また、ILOとともにこの推計を出しているウォークフリーによれば、「人身取引」は「現代奴隷」に含まれるが、イコールではないという。なお、2022年9月発表の報告では被害者数は推計5000万人に更新された〕。しかし一方で、これらの割合は国によってかなり開きがある。たとえばインドでは、専門家の主張では強制労働が85％、性的人身取引が15％だ。また東南アジアではだいたい半々だと見られている。アメリカでは、ホットラインを運営するポラリス提供のデータにより、すでにどの州で何が起きているかがより詳しく把握できている。奴隷制対策独立長官ケヴィン・ハイランドによれば、イギリスの公式発表1万3000人という奴隷の数は実態よりかなり低い数字だという。ウォークフリー財団が新たに発表した数字は13万人だった。

今日のわれわれの知る状況を最も端的に言い表しているのは、昨年のトラスト・カンファレンスでのケヴィン・ベイルズの言葉だろう。「奴隷制がもしひとつの国だったら、それはアルジェリアとほぼ同じ人口、ブルガリアとほぼ同じGDP、そして世界第3位のCO_2排出国だ（アマゾンの熱帯雨林が奴隷労働によって破壊されているから）」

ベイルズはノッティンガム大学で奴隷制についての幅広い研究を開拓し続けており、同大学のライツ・ラボは先ごろ1000万ポンドの資金を受け取った。ベイルズのチームはデータ収集の向上に尽力し、クラウドソーシングまで始めている。たとえば奴隷労働に重度に依存するインド、ネパール、パキスタンの煉瓦焼き工場は、衛星画像によって見つけることができる。これまで煉瓦焼き工場がいくつあり、正確にどの位置にあるのかはわからなかった。だが今は、個人が衛星画像によってその探索を手助けできる。

奴隷制はこれまで逸話の世界と見なされてきたが、今やもっと真剣なデータとファクト（事実）の世界に移行しつつある。

ところで奴隷制の測定は、ベイルズのライツ・ラボが行っている分野横断的研究のひとつの側面に過ぎない。ここでは人身取引というテーマの中でも、たとえば移民の影響から環境的災害の余波に至るまで14の分野がフォーカスされている。チームは研究調査を実社会における解決策として展開しており、NGO、国および地方政府、企業などと情報を共有し、共同でプロジェクトを進めている。

銀行アライアンス

奴隷制との闘いにおいては、コンピューターの力をうまく操る方法がもう一つある。JP

モルガン・チェース銀行が人身取引について調査ができないかと模索していた2010年、バリー・コークは同行の金融情報部門（FIU）にいた。コークは、大手銀行に蓄積されている「大量データの山」を探るというすばらしいアイデアを温めはじめる。何億件という日々の金融取引の中で、たくさんの「興味深い出来事」を分析できるというのだ。彼の部署は、顧客のクレジットカードデータを使い、人身取引のあらゆる特徴を示す顧客、取引、口座を特定するという金融モデルを構築した。

「顧客の口座について定量分析を行い、口座開設期間の長さや、なりすまし・金融犯罪の兆候がないかを調べました」とコークは私に語ってくれた。「店舗口座を調べて、その取引内容が、多くの人を地下に隠していることを示していないか、人々の財産を支配していないか、全員が給料を同じ日に引き出していないか、全員が費用の上積みなしにまったく同じ金額を払われていないか、などに注目しました。そして機械が発するこうした警告によってわれわれが見つけた危険信号は、統計的に、人身取引集団と非常に高い相関関係にあることがわかったのです」

バリー・コークのエピソードの中でもとっておきのいい話は、ニューヨークのあるネイルサロン・チェーン店のものだ。この店のクレジットカードのデータを見ていて、彼は、多くの顧客が夜11時から朝5時の間に支払いを行っていることに気が付いた。ネイルをしてもらうには少々不自然な時間帯だ。それに金額はすべて100ドル以上で、マニキュアにしては高すぎる。彼がこのデータを警察と共有したところ、警察の捜査が入り、結果、性的人身取引集団の解体に結びついた。

これらの逮捕劇の後で、バリーと彼のチームはサバイバーたちに、加害者たちがどのように口座を開いたか、何曜日を好んでいたか、どんな商品やサービスを使っていたか、何を避けていたか、などを質問する機会があった。郵便番号、在留資格、市民権の有無など、およそすべての種類のデータが役立った。これら人間側のデータ収集もまた非常に貴重だとわかる。

バリーがこの取り組みを話してくれたのは、2012年の最初のカンファレンスだった。私はその手法に感動したあまり、すべての銀行に同じ取り組みを行うよう説得してまわりたいと思ったほどだ。バリーと私は協力して「人身取引と闘う銀行アライアンス（Banks Alliance against Trafficking）」を2013年に立ち上げた。私はサイラス・ヴァンスに、一緒にこの作業グループの共同ホストを担ってほしいと頼んだ。性的人身取引との闘いにおける彼の権威と業績がすばらしいからだ。この取り組みがうまくいったので、私たちはヨーロッパの銀行とも同様のアライアンスを創設し、2019年にはアジアの銀行とも提携を開始した。

これらのアライアンスは、大手金融機関、反人身取引専門NGO、法執行機関がひとつになって、各国における人身取引活動の金融的「足跡」を可視化し、潜在的加害者を追跡するものだ。

２０１４年、私たちは、アメリカの大手銀行が内部ソフトウェアへの導入に同意した、危険信号のリストを初めて公表した。これにより疑わしい情報を発見し、法執行機関と共有するためだ。アメリカの金融犯罪捜査網（FinCEN）もこのツールを導入したところ、人身取引関連の疑わしい行為の報告が、ただならぬ勢いで増加した。２０１７年にはヨーロッパのアライアンスが「銀行向け反人身取引ツールキット」を公表し、今や多くの政府や金融機関、そして世界の大手13銀行から成るウォルフスバーグ・グループでも導入されている。２０１９年には、アジア向けのツールキットも開始した。

ありがたいことに、人身取引の追跡のためにデータを共有することは、産業内での最優良事例《ベストプラクティス》になりつつある。

では実際に銀行では、どのように行われているのか？

銀行で使われるソフトウェアでは、人身取引の可能性がある複数の指標を捉えると、警告が発せられるようになっている。それらの指標とは、「地理的リスク関心領域」（人身取引が多発するとして知られる特定の国ないし地域）からの大量の支払い、ギフトカードなど「匿名入金手段」の常用、そして同日に同口座宛てに行われる複数の入金などだ。

銀行のこうした調査の担当者は、メディアによる人身取引の報告にも注意を払う。さらに、あらゆる反奴隷制NGOからの多くの支援や情報にも頼っている。それらは、バリーと私が最初にこのアライアンスのアイデアを思いついたとき以来、すばらしい手助けになっている。

そしてもちろん、金融機関はこの問題において、法執行機関と緊密に連携している。ある事例では、警察が金融機関に、ある自動車整備工場の記録を調べるよう指示を出したところ、にらんだ通り、ありとあらゆる指標が見つかった。たとえば銀行の記述をそのまま引用するなら「主張された業務内容あるいは予期される行動とは矛盾する取引行動」などだ。この事例では会社のクレジットカードを使って航空券、女性の服、洗面用具などが購入され、航空券は第三者が、それも大半を女性の乗客が使用していた。

また別の事例では、銀行自体の監視システムが、マイアミ在住のあるロシア人が所有する当座預金口座について警告を発した。この口座は「ロシア国内にある未確認の送金元から、体系的に」支払いを受け取っていた。ロシアが「地理的リスク関心領域」であるだけでなく、その口座所有者が報告する年収を超える金額が送金されていたからだ。そしてここでも、航空運賃、ホテル、エアビーアンドビーなど旅行関連の支払いが数多く行われていた。

金融業界はこのような方法で、人身取引加害者の捜査と訴追において、絶対的に重要な役割を果たし始めている。彼らが作り始めた法執行機関との協力体制もまた、とても重要だ。

カファラ制度の廃止

世界の奴隷の数を劇的に減らせるであろう解決法が、ひとつある。湾岸諸国、サウジアラビア、レバノン、ヨルダンで続くカファラ制度を終わらせることだ。第3章で説明したように、カファラとは保証人制度のことなのだが、移住労働者の在留資格や出国許可について、完全に雇用主が裁量を握っているものだ。ディーペンドラに起きたことを思い返してほしい。

労働条件の改善に関心を示し始めている国がひとつある。常時200万人の移住労働者を抱えるカタールだ。2022年サッカーワールドカップの開催国であるカタールは大規模なインフラ整備計画に着手したため、メディアの懐疑的な関心を集めている。そこでカタール政府は行動に踏み切った。2017年、人身取引撲滅委員会を省庁レベルに引き上げた——かなり思い切った政策だ。続けていくつもの政策が発表された。すなわち勤務時間を10時間以内とすること、労働者への出国許可保留の禁止、そして最低賃金の設定、などだ。

湾岸諸国にとってこれらは革命的な政策であり、もし完璧に履行されるなら、カタールのカファラ制度は完全に吹き飛ぶだろう。まだまだ効果的な実施には程遠いが、これは言うまでもなく正しい方向への第一歩であり、サウジアラビア、レバノン、アラブ首長国連邦などの国々も、よほど無能でない限り、これに続くことだろう。

カタールがこの問題に取り組むことを決め、従来のような無意味な政府発表を繰り返さなかったことについて、私は期待に胸をふくらませている。それはディーペンドラのように、たとえ地獄から抜け出しても、あいかわらず債務による束縛に縛られたままの何百万もの人々の人生を、変えていくことになるからだ。

サバイバーへの精神医学的治療の提供

ジェニファーとマルセーラの例でも見たように、サバイバーの心理学的回復もまた、人身取引問題で必要な対策が取られていない側面のひとつだ。サバイバーの精神的健康は、回復のための重要かつ根本的要因だ。治療が受けられない被害者はPTSDに苦しみ続け、生活の継続も困難になり、奴隷状態に戻ってしまうリスクを抱える。

しかし少数の例を除き、今ある治療プログラムは決して十分ではない。アクセスしにくく、しかも割高だ。治療期間もあまりに短く、そもそも適切な訓練を受けた専門家が少なすぎる。私は過去何年にもわたり、サバイバーにとりプロボノ、つまり無償で問題に対処してくれる心理学者と精神科医のグループが作れないかと画策してきた。このネットワークは徐々に形になりつつあり、何人もの精神医学の専門家が、大西洋の両側から参加を表明してくれている。だが安定的なプログラムを作るには資金調達の方法を考えなければならない。

サバイバー・アライアンスの構築

似たような全体的な取り組みとして、サバイバーズ・インクには、いくつものグループをまとめる一つのアイデアがある。各国に全国的なサバイバーのアライアンスを作り、サバイバー主導のNGOネットワークの集合知と人脈を利用して、「包括的サービス」を被害者に提供することだ。たとえば、あるNGOがひとりの被害者（たとえば薬物更生センターや少年院から出所したばかりの少女）から電話を受けたとすると、それが国のどこであろうと、その瞬間から、ネットワークが支援とサービスを提供できる。シェルター、保護、法的支援、職業訓練、住居探しなどをサポートし、少女が人身取引加害者の手に再び陥るのを防ぐ。

このアイデアは、生涯かけて回復状態を維持する長期支援の提供という、サバイバー支援における最大課題のひとつについて、直接働きかけるものだ。

さらなる教育と訓練

教育とは、なにも学校教育だけを指すのではない。もちろん学校で生徒たちは、自らの権利、現代奴隷制の危険、グルーミングの手口、借金を負うことの潜在的なリスクについて学び、認識する必要がある。

けれどもそれに加え、世界中の警察官が、人身取引の兆候に気づくための訓練を受けるべきだ。同様にソーシャルワーカーも、何らかの異変という基本的な兆候を見逃してはならない。裁判官や検察官もこの問題について教育を受け、法律を適切に適用するべきだ。すべての政府職員は、外交官から教師、刑務官に至るまで、この問題に関する理解と情報を身に着け、人身取引行為を見かけたらすぐそれに気づき、効果的に対応できるようにしておかなければならない。

政府内部において取り組みはまだ始まったばかりで、それもほんの数カ国での話だ。今、私たちは、この問題を教えるのに最適な教師はサバイバー本人だと知っている。トラスト・カンファレンスでは、初日にまずサバイバーたちに経験を語ってもらう。すると会場に集まった600人の参加者は、すぐに、なぜ自分たちがそこにいるのかを悟る。

最前線に立つ勇気ある非政府団体への支援

大小さまざまな献身的なNGOが世界各地ですばらしい働きをしているので、どこか一団体だけを取り上げるのは難しい。だがほんの一例として「人身取引と闘うトラック運転手たち（Truckers Against Trafficking）」を紹介しよう。シンプルでありながら天才的なひとつのアイデアから、アメリカ全土のトラック運転手が、性的人身取引について目を光らせるようになった。

ある日、ケンディス・パリスは、性的人身取引の加害者たちが被害者たちを売ったり交換したりする場所に、しばしばトラック運転手が居合わせることに気が付いた。トラックの停留所、休憩所、ホテル、モーテル、街路、集荷センターなどだ。そしてもう一つ。いつだって、一般道やハイウェイにいるトラック運転手の数の方が、警察官の数より多いということも。パリスは自問した。「もし運転手たちが、少女たちの笑顔やノックの音の裏にあるストーリーを知っていたとしたら？　『この女はただの売春婦だ』から『この女性は被害者かもしれない』に見方が変わったとしたら？」

パリスは「人身取引と闘うトラック運転手たち（TAT）」を設立して、人身取引を発見し報告できるように、運転手たちを「第一対応者」として訓練した。運転手たちはそのアイデアを気に入って、疑わしい状況に気づいた彼らからホットラインへの何千という通報によって、何百人もの被害者が救われることになった。パリスはこの活動を他国にも広げ、商品を輸送する企業に対し運転手たちをTATで訓練させるよう促している。ウォルマートなどの多くの企業グループが自社の運転手たちに訓練を受けさせており、彼らは人の役に立つことに喜びを感じている。

私たちは本当に、地球規模で意識の転換を起こす必要がある——ニオール・ファーガソンによる見事な喩えを引用するなら、ちょうど、職場喫煙や飲酒運転の問題についてと同じように。この世界規模の意識変革は、私たちすべて、つまりすべての消費者・市民から起こるものだ。奴隷労働について気にかけないような社会・経済に参加するのは、もういやだ、もうこりごりなのだ、と。そしてこの変革が「やがていつか」ではなく、すぐにでもやってくることを、私は願う。

第11章　私のヒーローたち

勇気とは恐怖への抵抗、恐怖の克服であって、恐怖の不在ではない。

――マーク・トウェイン

ここまで、ジェニファー・ケンプトン、マルセーラ・ロアイサ、ディーペンドラ・ジリという3人のすばらしいサバイバーたちの物語を詳しく語ってきた。3人とも、カイラシュ・サティヤルティなど本書で触れたその他の人物たちとともに、私のヒーローだ。

けれども他にも英雄的な働きをしている数え切れないほどのサバイバーがいて、なかには心理的に回復していない人も少なくない。奴隷状態から逃れた後、生き残っただけでなく成功も収めた少数の強い人々がいる一方で、奴隷にされていた年月に受けたダメージ、おそらく一生かかっても癒えない傷にひどく苦しむ、何百万もの人がいる。彼らは私の思いの根底にあり、私の取り組みの原動力になっている。

けれどもここであと何人か、過去10年の間に私のヒーローとなった人々に、光を当ててみたいと思う。

ナディア・ムラド――予期せぬリーダー

私の世界において、ナディア・ムラドは、おそらくサバイバーの中でも女王格だ。その目には世の悲しみすべてが宿ってこちらを圧倒し、重力と緊張のみなぎる視線に射抜かれれば、彼女の痛みを肌で感じることになる。その意志の強さは驚異的で、誰もこの勇敢な女性を止めることはできないと悟る。会った瞬間に敬意を抱かせ、年若く小柄な体にもかかわらず、指導者の資質が瞬時に見て取れる。

ダーエシュ（むしろ彼ら自身が作りたかった「イスラム国」の名前で知られる）に誘拐され、人身取引され、奴隷として売られたナディアは、当時21歳。何千人ものヤジディの女性や少女たちとともに人生が粉々に砕け散ったのは、ある日、イラク国内クルド人地区に囲まれた町シンジャーと周辺の村々が、野蛮な武装勢力の手に落ちた日だった。ナディアの家族はコチョという村で畑を持っていた。

その日、2014年8月3日は、想像を絶する非道な一日になった。テロリストたちは男性、女性、子どもを分け、男性たちを外に連れ出しその場で殺害した。年輩の女性たちも殺され、若い女性たちと子どもたちは奴隷にするために残された。ナディアは自分の兄弟のうち

6人が死に追いやられ、その後、61歳の母親も殺されるのを目撃する。

ヤジディは起源が古代メソポタミア時代に遡る地球上でも最古の宗教のひとつだが、ダーエシュにとり、この小さな共同体は絶滅に値するものだった。ヤジディを、不信心の極みである背教徒の群れと見なしていたからだ。ダーエシュはヤジディを人間として見ていなかった。

彼らは6500人の女性と子どもたちをあらゆる都市へと連行した。ナディアはモスルに連れていかれ、他の女性たちとともに、欲しいという男に買われた。誘拐犯たちは彼女たちの写真を撮ってカタログにし、男たちが女性を好きなように選んだり取り替えたりできるようにしていた。ナディアは逃げようとしたがすぐにつかまり、失神するまで輪姦された。ありとあらゆる暴力と恥辱の日々が続いた。

3カ月後、彼女は勇敢にも、再度の脱出を試みる。モスルのある家にかくまわれ、そこの人々が密航業者を使ってナディアの逃避行を準備した。ヤジディの共同体は、同胞女性たちを救出するためには、密航業者への支払いをためらわなかった。

ナディアはそこから難民としてドイツに送られた。私はまだ彼女のことを知らなかったが、すぐに出会いが待っていた。なぜなら2014年11月（ナディアが脱出した直後）にロンドンで行われたトラスト・ウィメン・カンファレンスで、ヤジディの代表二人が現在進行形の虐殺について語ってくれたからだ。10日後、私はニューヨークでのあるディナーの席で、アメリカの国連副大使セアラ・メンデルソンと会っていた。私のカンファレンスのことを聞きつけた彼女から、ニューヨークの国連安全保障理事会で話をしてくれそうなヤジディの女性を探してくれないかと頼まれた。簡単な話ではない。悲劇はつい先日起きたばかりで、その爪痕は生々しかったからだ。

けれども私がNGOヤズダの主宰者でトラスト・カンファレンスで話をしてくれたムラド・イスマエルに、これは国連の最高レベルでヤジディ虐殺事件に光を当てられるまたとないチャンスだと告げると、彼は、なんとかして誰かを探し出すと請け合った。そして、ダーエシュに囚われた惨劇を話してもいいという、ナディアを見つけてくれた。

そうそうたる聴衆を前に演説を承諾したこと自体、驚くべきことなのだが、彼女はまだ21歳、しかもこの世で最も恐ろしい経験から救出されたばかりなのだ。だがその日、12月16日のニューヨークの国連会議場で、ナディアは小柄な体に化粧っ気のない顔で、その劇的な物語を、シンプルにありのままに涙も自己憐憫も見せずに淡々と語った。涙は彼女自身の瞳にはなく、その場の大使たちの目を潤ませ、演説の終わりには感動のあまり万雷の拍手が鳴りやまなかった。

これもやはり異例のことだった。国連安保理において、通常、拍手は行われない。

ナディアの写真は世界中に拡散された。ヤジディたちは「顔」となる発言者を得た。ナディアとムラドは数日後、トラスト・ウィメンと国連安全保障理事会が自分たちの人生の方向を変えてくれたと書き送ってきた。まずはムラドが私のカンファレンスで資金調達の手段を得ることができ、そして何よりナディアが国連演説以降、殉教者たちの声となったからだ。イラク政府は彼女をノーベル平和賞に推薦した。

2カ月後、私はイラクに赴き、最初のヤジディ会議で発言したのだが、そこでナディアの影響力を直に体験した。私がナディアの名前を口にすると聴衆は歓声をあげ、私たちが知り合いだとわかると、みんな彼女のことを知りたがり、質問を浴びせてきた。スレイマニの難民キャンプへの訪問は胸の痛む経験だった。ヤジディたちは他の難民たちと分けられ、ダーエシュの地獄をくぐり抜けてきた若い少女たちは、日ごとになすすべもなく、いまだ殺人鬼たちの手中に囚われている姉妹たちの身と、家族の行く末を案じていた。ナディアは彼らの希望の光だった。

それからナディアは国連の人身取引に関する親善大使となり、ローマ教皇や数多くの国家元首と面会している。彼女の使命の中心は、ヤジディの殲滅《せんめつ》作戦は大量虐殺であると国際社会に認めさせ、行動を起こさせることだ。さらに、正義が行われること、すなわち人身取引加害者、犯罪者たちに、その罪の代償を支払わせることだ。

ナディアは言う。「私たちは全世界から同情と連帯を得ましたが、私たちが真に必要としているのは、正義が行われ、私たちの共同体が祖国に帰還できるための、具体的な行動なのです」彼女とともにダーエシュに拉致された幼い甥マリクは、洗脳され兵士として訓練された。最近ダーエシュを離脱する機会があったがそれを拒み、「ヤジディは背教徒だ。改宗してＩＳＩＳに参加すべきだ」と発言したという。これが13歳の言葉だ。

ナディアは、世界屈指の有名人で俳優ジョージ・クルーニーの妻でもある、人権弁護士アマル・クルーニーから強力な支援を受けている。アマルとプロボノの弁護士チームはナディアとヤズダを手伝い、残虐行為を記録し大量虐殺の証拠を集め、事件を訴追するために尽力している。

フランスのエマニュエル・マクロン大統領は、シンジャー地区の地雷除去を行うと宣言した。ダーエシュは国中に地雷を埋め、難民たちが祖国に戻れないようにしているのだ。ナディアは母国に戻ることを切望している。

サバイバーでありリーダーである彼女は、同情以上のものを求めている。

私が本書の執筆を終えた後の２０１８年12月、ナディアは実際にノーベル平和賞を受賞した！

エヴェリン・チュムボウ――戦士

エヴェリンはカメルーンのドゥアラで生まれ、９歳のときに米国メリーランドのある家庭に家事労働奴隷として売られた。叔父の一人が、チャンスの国アメリカでならよりよい教育が受けられる、と約束したのだ。奴隷生活からようやく脱出できたのは、18歳の誕生日の直前だった。

同情だけでは足りないと訴えるナディア同様、エヴェリンもまた、サバイバーには「憐れみなど必要なく、必要なのは仕事」であり、それによって生活を立て直すことだ、と信じている。悲しいことに、人々はたいていサバイバーに同情するが、彼らがプロフェッショナルになれる可能性を秘めているとは思っていない。傷があまりに深いから無理だろうと考えてしまうのだ。

「私を訓練してください。そうすれば、あなたたちと同じぐらい立派にやってみせます」エヴェリンは2014年、ロンドンでのトラスト・ウィメン・カンファレンスで聴衆に向かって呼びかけた。そのあまりの説得力に、世界有数の法律事務所ベイカー・マッケンジーの弁護士たちが、ワシントンDCオフィスでの研修の機会を持ちかけた。彼女はそこで4年間よく働き、今ではプロジェクト・アシスタントの職に就いている。そして全米でかなり有名になったため、会社にとってもすばらしい広告塔になっている。

その要因はエヴェリンのカリスマ性、ゆるぎない確信の力、他者への思いやりなのだが、なかでもひときわ大きいのが、その非常に強い存在感だろう。彼女を圧倒できる者はどこにもいない。

そして驚くべきは、殴られ、ゴミのように扱われた日々から、エヴェリンがしっかりと回復したことだ。7年ものあいだ床《ゆか》で寝ることを強いられ、自分が面倒を見ていた子どもたち二人の眼前で裸で殴られ、一度ならず、主人の意に沿わなかったという理由で罰として一晩中立っているよう命じられ、眠らせてもらえないこともあった。主人はカメルーンから移住してアメリカで一財産築いた女性だったが、エヴェリンに対し、お前は醜い、肌が黒すぎる、馬鹿だから教育を受けても無駄だ、などと繰り返した。彼女は学校に行かせてもらえず、仕事は一日たりとも休ませてもらえなかった。

多くの人が報復を望んでもおかしくない状況だ。ところが驚くべきことに、エヴェリンはそうではなかった。もちろん事件は捜査され、奴隷所有者は監獄に送られ今も服役中だ。けれどもエヴェリンは私にこう言った。「彼女が刑務所にいるという事実に良い気持ちはしません。彼女には二人の子どもがいて、私は長い間まるでわが子のように思っていたので、あの子たちが苦しむのは見るに忍びないんです」。エヴェリンは私の知る中でも加害者が有罪判決を受けた数少ないサバイバーの一人だが、それでもこのことはエヴェリンになんら特別な満足感をもたらしていない。

エヴェリンの思いやりは、その行動すべてに響き渡っている。今日、彼女はフリー・ザ・スレイヴスとヒューマン・トラフィッキング・センターという、現代奴隷制と闘う二つのすばらしいNGOで理事を務め、オバマ大統領が創設した「人身取引問題諮問委員会」にも名を連ねている。学校や警察で講演し、サバイバーたちに職を与える。政策提言の手を緩めず、その一方で、大手法律事務所で働いてもいる。

興味深いことに、奴隷労働から抜け出したその日、彼女はただ最寄りのカトリック教会まで歩いていき、そこの司祭に話を聞いてもらったという。ポール神父はこの少女にいったい何が起きたのか要領をつかめなかったが、それでもとにかく寄り添おうと、ワシントンDCのカトリック系慈善団体にエヴェリンを連れていった。すぐその場で、これは現代奴隷のケースだと判断が下された。メラニーという女性がエヴェリンの世話を引き受け、以来今日まで、最も近しい助言者かつ親友であり続けている。「メラニーのことはすぐに信頼し、今でも、誰よりも信頼しています」とエヴェリンは言う。この、他人を信頼し続ける能力があることは人身取引被害者にはごく珍しいことで、特に脱出直後などはそれが顕著なはずだ。

弁護士であるメラニーは、エヴェリンのケースについてカメルーンとメリーランドの両方で捜査を行った。エヴェリンは、自分の証言を信じてくれず永住権が欲しいんだろうと決めつけたFBIに、辛い思いをさせられた。だが結局事件は法廷に持ち込まれ、以前に横領の罪でも有罪判決を受けていた奴隷保有者は、禁錮17年を言い渡された。加えて、エヴェリンの何年にもわたる無賃労働に対し、賠償金10万ドルの支払いが命じられた。しかし、よくあることだが、エヴェリンにその金額が支払われることはなかった。

エヴェリンの大きな功績のひとつは、アメリカの当局や支援団体に、現代奴隷とは性的搾取にとどまらず、むしろ多くは家庭内での無報酬家事労働、ありとあらゆる工場労働、農業、アパレル産業などで労働を強制されていると知らしめたことだ。

性搾取・労働搾取両方の現代奴隷サバイバーと会ったことがあるエヴェリンは言う。もし彼らを同じ部屋に集めて経験を共有してもらったら、違いがほとんど見当たらないことに気づくはずだ、と。完全な裏切り、完全な無力感、そしてトラウマ。トラウマもほぼ同じだ。なぜなら多くの場合、強制労働に囚われた人々はまた、性的虐待や強姦にも遭っているからだ。

2012年、エヴェリンは16年ぶりにカメルーンに帰国し、国を離れて以来まったく音信不通だった両親と再会した。彼女は両親、特に父親と会えてとても喜んだ。アメリカに戻ると妊娠がわかり、エヴェリンは恋人と結婚した。幼い息子は今、彼女が前向きに生きる理由になっている。自分と息子のために生きる意欲がみなぎっている。最近エヴェリンは夫と別れ、また学費ローンの6万ドルも抱え、再び非常に不安定な状況に陥っている。

でも私には、彼女を止められるものは何もないとわかっている。

スニータ・ダヌワール――ネパールの皆の母

2015年の大地震以降、ネパールはアフガニスタンを抜いてアジアの最貧国になった。この美しい国で人身取引は伝染病のように広がり、人々は仕事を探し家族に送金するために、国外に出稼ぎに行かざるを得ない。今日ネパール人の100人に1人が、なんらかの奴隷になっているとの推計もある。

スニータ・ダヌワールは14歳のときに誘拐され、ムンバイにある暗黒の売春街へと売られた。そこで5年間、想像を絶するほど不潔な売春宿で、毎日30人以上の男に売られる性奴隷だった。

スニータが救出されたのは1996年、インド警察が売春宿数軒に強制捜査に入り500人の少女が発見されたときだ。うち200人近くがネパール人だった。インドでは色白で笑顔が美しいネパール人の女の子が重宝される。この摘発は警察の有能さを示すものとして、インドとネパール全土で大きく報じられた。

ところがネパール政府は少女たちの帰国を拒んだ。国内にHIVエイズを広げるのではないかと恐れたのだ。最終的にはNGO数団体の尽力の甲斐あって、娼婦の烙印が押されたまま収容されていたインドの不衛生なシェルターから出て、ネパールに帰国することを許された。ネパールに入国するやいなや、全員HIV検査のため、病院の特別病棟に隔離された。少女たちの多くは陽性が判明した。医者たちまでもが危険な伝染病患者として彼女たちを扱った。当時はこのウイルスにどう対処していいか知らなかったのだ。

スニータと友人たちが、自分たちは人身取引され売春宿に売られたのだ、その責任を負う必要はなく、むしろ犯罪の被害者なのだ、と認識するまでに、数カ月を要した。その後女性たちは、他のサバイバーを助けるためにNGOの創設を決意する。だがそのためには、自分たちがネパール国民であることを証明する必要があった。ところがそれは容易ではなかった。まず故郷の村に戻って家族を探す——遠い昔、幼い子どものときに生き別れた家族だ。そして父親に娘と認めてくれるよう説得するのだが、娘が売春婦だったことを恥じているため、それは難しい相談だった。あれは奴隷労働であって売春ではないなどとは父親たちには理解できなかった。「仲間の中には、自分の父親に賄賂を渡さねばならない女性もいました」。私がネパールを訪問した2016年に、スニータから聞いた言葉だ。

4年がかりで、彼女たちは2000年についにシャクティ・サムハの設立にこぎつけた。ママ・キャッシュという勇気ある国際NGOからの資金提供50万ルピー（約8000ドル）のおかげだ。スニータは今日までこのシャクティ・サムハの会長を務めている。ネパール国内で4つのシェルターを運営し、リハビリテーション、訓練、法的支援、心理学的サポートといったすばらしいプログラムを、団体自らが毎年救出する何百人ものサバイバーたちに提供している。

リハビリテーション・プログラムの一環として、救出された少女は3カ月間、集中的に心理学的サポートを受ける。不安と抑うつは常に計測され、すべてのサバイバー一人ひとりについて、ケースマネージャーが回復計画を練る。3カ月経過して、もしサバイバーが帰宅したいと希望する場合、団体はそれが適切なのか、あるいは再び奴隷に陥る危険が大きいのかを判断する。

心理学的回復には最低でも6カ月はかかる——それで済むケースは珍しく、遅い場合は最長で3年かかることもあり、その間、被害者はさまざまな治療と訓練を受けることになる。回復し自立できるようになると「途上の家」へと移り、6〜12カ月の間、自由にそこに出入りできる。職に就くことができた場合は、自分でアパートを借りることになる。

スニータと友人たちがネパールで築いてきたものは本当にすばらしい。今日、元子ども奴隷だった彼らは、フリーダム・ファンドなど多くの国外寄付者からの支援を受け、被害者の救出とリハビリに当たっている。彼らはまた村々での被害防止活動も行っている。多くの親たちが今もまだ、カトマンズに娘を送り出すことこそが、酷い貧困から抜け出しよりよい生活を確保するための、唯一の道だと信じているからだ。

マーティナ・ヴァンデンバーグ——救いの手を差し伸べる弁護士

マーティナ・ヴァンデンバーグはとても頭の切れるアメリカ人弁護士で、人身取引との闘い、とりわけ強制労働の被害者を助けることに、人生を捧げている人物だ。「人身取引の不思議なところですね。みんな『性』を目指してやってきては『労働』に落ち着く」——人類学者のジュフ・スクラルを引用しながら、彼女はユーモラスにそう語る。

サバイバーを助けるためなら、彼女はいつだって労力を惜しまない。マーティナと聞いて人々が真っ先に思い出すのは、この思いやりと人間性だ。彼女のおかげで現代の奴隷たちは加害者たちを訴えることができ、訴追に至るケースも多い。サバイバーたちのために、賠償金も手に入れてくれるからだ――たとえ加害者が外交特権を盾に、ワシントンDCの自宅でメイドを奴隷にしていることを隠していたとしても。

マーティナがロシアに住み、イスラエルやボスニアで調査のために何カ月も滞在していたのは、ヒューマンライツ・ウォッチという世界最上級の人権NGOに所属していた期間と、それ以前の話。その後は弁護士になり、大手国際弁護士事務所で複雑な商業的訴訟に携わったが、プロボノの仕事にやりがいを見出し、多くの良い弁護士の例にならって、無償で被害者を支援するようになった。

2012年、マーティナは、ジョージ・ソロスのオープン・ソサエティ財団の支援を受けて、プロボノ団体「人身取引法律センター」を創設する。その目的は、一人ひとりのサバイバーに弁護士が一人ずつついて、地獄から抜け出したところで直面するあらゆる課題の解決を図ることだ。

当初、法律センターはあたかもワン・ウーマン・ショーのようだったが、徐々に有能な組織へと変容し、サバイバーへの法的支援のみならず、報告書の発行、データの収集、米国裁判所内で起きている事柄への定量的評価を行うようになった。また、世界の人身取引問題についての文書、情報、法律、条約に関する大規模リソースとしても機能している。

マーティナとは、2012年に私が開催した最初のカンファレンス以来の知り合いだ。そこで彼女はノット・フォー・セール のデイヴィッド・バットストーン、フリー・ザ・スレイヴスのケヴィン・ベイルズ、トランスパレンテムのベン・スキナーなどとともに、人身取引という世界に対する取り組み方を指南してくれた。彼女はワシントンDC在住で私はロンドンに住んでいるが、毎月のように喫緊の課題を話し合っている。マーティナは私の山ほどの質問にも忍耐強く付き合ってくれて、毎年カンファレンスではサバイバーのパネルディスカッションの場で、モデレーターとしてすばらしい集中力で臨んでくれている。私がトラスト・カンファレンスを創設してやりたかったことも、彼女が分かち合ってくれる知性と意欲なくしては、到底実現できなかっただろう。

私がニューヨーク地方検事のサイラス・ヴァンスと共催した銀行アライアンスの最初の会合で、マーティナは、顔をそろえたアメリカの最大手銀行の面々に向かってこう言った。「皆さんの顔を拝見し、私の目に見えているのは金銭ではありません。データです」。私たちが始めた試みについて、これ以上的確な要約はないだろう。銀行に、顧客のクレジットカード・データを調べ、人身取引の兆候をつかむよう促すシステムを作ろうとしていたのだから。

マーティナはこの作業グループの成功に大きく貢献し、私たちのチームがアライアンスの設計図を書くのを手伝ってくれた。このツールキットはすぐにアメリカのマネーロンダリングのクリアリングハウス（手形交換所）である金融犯罪捜査網（FinCEN）で採用され、それが、より多くの人身取引加害者の裁判へ、そして有罪判決へとつながった。マーティナはよく、人身取引とは多くの場合「酷いことになった移住」だと言う。現代奴隷の大半は自ら移動して国境を越えるが、その途上で何かがうまくいかず、人身取引加害者の手のうちに落ちてしまうのだ。

サバイバーたちは、マーティナのような良い弁護士に巡り合えて幸運だ。彼女は彼らの訴えを聞き、職探しに助言を与え、すべての困難と状況の中で支え続ける。

きっと彼らの多くが、私がマーティナを「ヒーロー」と呼ぶことに、賛同してくれることだろう。

ケヴィン・ベイルズ——開拓者

ケヴィン・ベイルズはアメリカ人の人権研究者で、現代奴隷について、誰よりも豊富な知識を与えてくれている。30代の頃に、奴隷制とは過去の遺物ではなく非常に現代的な問題だと気づき、調査することを決心した。

世界中を旅してまわり、アフリカ、フランス、アメリカ、そしてアジアであらゆる奴隷と出会い、奴隷制についての本を10冊著している。私のお気に入りは、１９９９年に出版されピュリッツァー賞にノミネートされた、最初の1冊 *Disposable People*（邦訳『グローバル経済と現代奴隷制』大和田英子訳、凱風社、２００２年）だ。

ケヴィンはデータの問題にも取り組み、ウォークフリー財団とともに「世界奴隷指標（Global Slavery Index）」を発表した。この「指標」によってＩＬＯは、奴隷人口推計値の修正を余儀なくされ、２０１７年９月、世界の奴隷の数は従来の２０９０万人から４０３０万人に引き上げられた〔２０２２年９月の発表では５０００万人に更新された〕。ひとつの数字が提示されることは、この課題の解決のために集結するのに役立つ——たとえ、実際にはもっと数が多いはずと多くの専門家が口をそろえているとしても。

昨夏、ノッティングヒルの私の自宅で朝食のテーブルを囲みながら、ケヴィンが言った。「奴隷制との闘いが前進しているとはいえ、奴隷の数は減っていない」。彼もまた私と同様、地球規模で考え方のシフトチェンジが起きて、どんな形の奴隷制も許さない世界が来ることを願っているのだ。

その朝私は、心理学者、精神科医、開業医をサバイバーとつなげ、プロボノの支援を行うネットワークを創設する構想を話していた。ケヴィンはサバイバーの精神衛生の問題に対応する必要性を完璧に理解していて、それをとても上手に説明してくれた。「彼らが経験談をストレートに話すのがとても難しいのは、物事の時系列について、頭の中がこんがらがっているからです。この著しい混乱は、ＰＴＳＤの一症状なのです」

私は彼に、とびきり美しいあるサバイバーとの会話によって、人身取引と闘うために行動しようという私の気持ちにいかに火がついたかを語った。2011年9月にカリフォルニアで行われた、フォーチュン誌の「最もパワフルな女性」カンファレンスにソマリー・マムがいて、私たちはディナーの席で一緒に座り、3時間も話しこんだ――フランス語で。

ソマリーはカンボジアで子どものときに売られ、売春宿で育ったが、やがて彼女の客であったあるフランス人男性に救出され、数年後には彼の支援を得て自分の財団を設立した。彼女からもらった本を、私はその晩すぐに一気読みした。

数年後の2014年、彼女は売春宿からの少女たちの救出劇を、あるテレビ番組のためにでっち上げたことで糾弾された。多くの有名人、政治家、メディアから称賛され、また反人身取引の活動とソマリー・マム財団に何百万もの資金を集めた末に、その気高い理想から転落したのだ。私はとても気の毒に思ったが、一方で、一度も彼女をカンファレンスに招待しなかったことに安堵もしていた。なぜかはわからないが、彼女の語る物語の中に、どこか納得しきれないところがあり、しかも、少しスター気取りが過ぎるようにも感じていた。けれども私にとってはソマリーこそが、この分野に踏み込んで行動する決意を後押ししてくれた人なのだ。私の彼女に対するこの相反する複雑な感情は今日まで残っている。けれども複雑な感情こそが、人間の性《さが》の手触りなのではないか？

それこそソマリー・マム財団の理事をしばらく務めたことがあるケヴィンはこう言った。

「アイコン（偶像）になってしまったという事実が、彼女の悲劇だったと思う。だって、カンボジアで働いていて、夫の助けで回復しようとしていたかと思ったら、次の瞬間には『ヴォーグ』誌によって雲の上にまで持ち上げられたんだから！　むごすぎる現実に生きていたのに、そこから現実味のない名声と輝きでニューヨーク中で噂されるようになった。私だったら耐えられないね」

ケヴィンのこういう人間らしいところが好きだ。誰も公に言わないようなことをほんの数行の言葉で描写してみせる。ソマリー・マムは悪い女ではない。ただ、あれほど巨大な輝きやざわめきに対処できる術を、まだ身に着けていなかった――彼女が行動している場面をフィルムに収めたがる、あまりに多くのメディアからのあまりに多くの要求への、対処法についても。あれは独特なケースだったが、それでも、どれほど活躍中であっても、サバイバーがその傷痕からまったく予期せぬダメージを受けることもままあるのだ、ということを示している。ケヴィンは、自身のソマリーへの評価において、この厳然たる事実を即座に明確にしてくれた。

今日、ケヴィン・ベイルズは幸せな人だ。若い妻との間に5歳の娘がいて、イギリス政府から人身取引研究のために1000万ポンドの助成金を受け取っている。ノッティンガム大学の彼の研究所では、データから精神医学に至るまで14種類もの調査研究が行われている。彼らの研究から、われわれはすでに数多くのことを学んでいる。たとえば、奴隷状態におかれた5人の人が身の上話を語る際に使われた100万語の言葉を分析したところ、奴隷化された人はほとんど未来形を使わず、いつも過去形もしくは現在形を使うことがわかったという。ケヴィンが言うには「奴隷にされた人たちは強いられた現在を永遠に生きている」のだそうだ。奴隷保有者たちは彼らに未来のことを（そして過去のことも）考えてほしくない。あまりのリスクの大きさに、彼らは自分に未来はないと思いこまずにはやっていけない。「奴隷にされた人は『me』（私を）を使うけれど、『I』（私が）は使わないんです。自分のことを主体とは思わず、客体だと思っているから」。ケヴィンの魅力的な調査研究は、私たちがいかに無知のままであるかをあぶり出してくれる。

おかしなことに、現代奴隷についてこれほど認知度が高まってきたにもかかわらず、研究所に専門家を集めるのは至難の業だとケヴィンは言う。真の専門家の数があまりに少ない。だからこそ、彼は優秀な若い研究者たちを集め、奴隷問題の有能な専門家に育てようと努力している――これまでも、たくさんの人々に対して、そうしてきたように。

アディティ・ワンチュウ――ビジネス界の騎士

アディティ・ワンチュウはとても外向的で、心理学の修士号を持っている。NGOの世界には、ボンベイのグリーンピースでのボランティアから入った人だ。往来の激しい交差点で信号待ちの車に声をかけては、よりきれいな世界を作るための寄付を呼びかけてまわっていた。かなりタフな仕事だったが彼女は上手くこなし、男性ドライバーたちは素直に年間20ドルの寄付を申し込んではクレジットカード情報を渡したのだ――それも、見ず知らずの若い女性に！

アディティはすぐに昇進し、グリーンピース・インドの大型資金調達を担うようになる。けれども4年間務めた後、支援団体よりも企業、それも大手企業に身を置く方が、真の社会変革に寄与できるのではないかと考えるようになった。

そこで彼女はアクセンチュア社に移り、インドのCSR部門で、経済弱者の若者たちにプログラミング等の技術力を授ける「成功を導く技能」訓練に、社員たちの10万時間を貢献するよう、上司を説き伏せた。アディティは現在、香港のアディダス社で、同社の世界的な「現代奴隷アウトリーチプログラム」を指揮している。3年前に入社したとき、奴隷制は彼女にとって未知の分野だったが、すぐにこれこそが人生の目的だと悟った。労働者の搾取を止めさせ、人権尊重の規則を――それを破るのが普通になっているような国において――しっかり守らせることだ。

アディダスは、アディティが来るまでサプライチェーンの透明化を怠っていたわけではない。すでに20年前から着手していて、同社はその道の開拓者だ。けれどもアディティが、同社がグッドプラクティスをさらに推進し、さらに加工工場や原料の調達にまで押し広げることに、一役も二役も買っているのは間違いない。

アディティはアディダスでの上司である社会環境課題担当副社長のビル・アンダーソンから多くを学んだ。彼に教わった特に大事な戦略は、「猫を猫と呼ぶ（はっきりものを言う）ことをためらうな」ということ。アディダスの事業書には「奴隷制」という言葉がそのまま文字通り記されている。

これはとても重大な記述だと言える。もしすべての大企業が「奴隷制不可」の方針を持っていたら、世界はこの問題に、現状よりずっと多くの注意を払うだろう。アディダスの反奴隷制の企業行動は、採用活動の段階から始まる。全世界130万人の従業員に対し、採用手数料ゼロの方針を取っているのだ。

アディティとそのチームは、取引先も同じ方針を採用し実行するよう目を光らせている。同社はすべての取引先が最良の行動を取るべく研修を施し、さらに、これらのルールを早く採用しなければ、抜き打ち監査ですぐに見つかることを理解させようとしている。アディダスはこうした監査を「困難な」国々、つまりベトナム、カンボジア、インドネシア、中国、台湾などでも行い、さらに皮革原料についてはブラジルとアルゼンチンで、綿花原料についてはトルコでも行っている。

アディダスのウェブサイトは、原料の調達先と取引先企業の情報で埋め尽くされている。「人権擁護者に関する方針」まである。この手の方針を掲げているのは、私の知る限り、世界で3つのグローバル企業だけだ。

アディダスは、従業員をしっかりと認める会社だ。2017年に他の企業を寄せ付けぬほどに「最優秀受賞者」として「奴隷労働根絶賞」を受賞した際、アニッシュ・カプーアのブロンズ像を受け取るために送られたのはCEOではなかった。アディティ・ワンチュウが、同社の反奴隷制の提唱者としてロンドンの授賞式に派遣されたのだ。

40歳のアディティには、まだまだ成長する時間がある。奴隷制を終わらせる闘いへの大いなる貢献は、おそらくまだ始まったばかりだ。

ケヴィン・ハイランド——独立長官

優秀な警察官だったケヴィン・ハイランドは、2015年、イギリスで現代奴隷法が制定される直前に、「奴隷制対策独立長官」に任命された。世界初のこの肩書きも、それまでロンドン警視庁でその影響力と高潔さをもって人身取引対策班を率いてきた彼にこそ、最もふさわしいと言える。ケヴィンが任命されたのは、国の舵取りよりも奴隷制との闘いの方に大きな指導力を発揮した、当時の内務大臣で現首相〔本書原書刊行当時〕のテリーザ・メイが抱いたビジョンに負うところが大きい。

ケヴィンはびっくりするほど謙虚で、信頼のおける人だ。専門は組織犯罪と腐敗事件（イギリス警察の腐敗も視野に入る）で、なにより犯罪者を捕まえる手腕が光っていた。恐れを知らず、いつも被害者側の視点から物事を見ようと努力してきた。ことイギリスの現代奴隷制に関しては、法執行機関や政府機関の欠点を決して隠そうとしない。

彼は自分を、奴隷にされた人たちの声だと考え、彼らの生活が改善され安全になるよう心を配った。この被害者中心の取り組み姿勢は非常に珍しいので、言及しておく価値があるだろう。力ある立場にありながら、救出された声なき人々の声を聴き、彼らに声を与えることのできる人など、そう多くはいない。

そうしたことに長けたケヴィンに2017年ロンドン・トラスト・カンファレンスのサバイバー・パネルディスカッションでの司会を頼んだところ、まさに彼の人間性が大いに発揮された。彼は独立長官という新たな権威を使って、一部の権力者集団から疎まれる危険も厭わず、さらなる行動、さらなる協力を求めた。啓発の分野でメディアが果たすべき重要な役割も十分理解しており、イングランドおよびウェールズ全土で、洗車場とネイルサロンでの奴隷労働について指摘した。どちらも移住労働者たちが、暴力的な人身取引加害者から、すべての人権をはぎ取られて働いている現場だ。

「反奴隷制の皇帝《ツァーリ》」とイギリスの大衆紙からあだ名をつけられたケヴィンは、熱烈なカトリック教徒でもあり、世界中の警察長官と司教を集めて、奴隷制と闘う「サンタ・マルタ・グループ」の結成に尽力した。このサンタ・マルタ・グループを支持するフランシスコ教皇は、この闘いに教会の力をフル活用し、最近は機会を決して逃さず、人身取引は人道に対する犯罪であると糾弾している。教皇はまた若者たちを励まして、奴隷状態で暮らしているかもしれない人々の兆候を見逃さないこと、声を上げること、周囲で起きている事柄について恐れず発言することを勧めている。

ケヴィン・ハイランドはこう話す。「イギリスには1万3000人以上の現代奴隷がいて、われわれの知る証拠は、さらにずっと高い数字を示しています。農業、建設、家事労働、洗車、ネイルサロン、そして性奴隷として、奴隷に貶められている人々です」

ケヴィンは、国連の持続可能な開発目標（SDGs）に、現代奴隷が含まれるよう主張した、影響力ある専門家の一人だ。目標16に現代奴隷の廃絶が謳われている〔この他、目標8ターゲット7が、強制労働、人身取引、児童労働、児童兵士を含むあらゆる現代奴隷の廃絶を訴えている。また目標5ターゲット2では、女性や少女に対する人身取引や性的搾取、暴力の排除が謳われている〕。

ケヴィンはまた、産業界が果たすべき役割を明確に理解しており、現代奴隷法でイギリス企業に義務付けられた、サプライチェーン上の強制労働払拭のための取り組みに関する年次声明についても、すばらしい代弁者だ。そして私の財団の奴隷労働根絶賞において、カイラシュ・サティヤルティ、ジョン・ラギー、サイラス・ヴァンス、パトリシア・セラーズ（国際司法裁判所の判事）、ケン・ロス（ヒューマンライツ・ウォッチ代表）と並び、非常に熱心な審査員の一人として名を連ねている。

ケヴィン・ハイランドは2018年の夏、十分に成果が上がらないことへのフラストレーションから現職を退き、故郷のアイルランドに戻って、今も現代奴隷問題に取り組んでいる。

これ以外にも、パキスタンやカンボジア、ナイジェリアやベトナムなど、困難な国々で英雄的な働きをなしている多くの人物について、私はもっと話すことができる。彼らの多くはトラスト・カンファレンスに登壇してくれて、私たちはできるだけ連絡を絶やさず、その活動を支えようとしている。彼らの存在こそが、いつの日かこの闘いが勝ちに転じる日が来る、と私が確信できる理由なのだ。

たしかにこれは、終わりの始まりではないかもしれない。けれども第二次世界大戦の暗黒の日々にチャーチルが語ったように、これは、始まりの終わりなのかもしれない。

2017年1月から2018年6月のあいだに執筆。
ロンドン、シエナ、ベラッジオにて。

謝辞

私を信頼し、苦境の最中にあったときにもその人生を共有してくれた、すばらしいサバイバーたちの存在がなければ、この本を書くことはできなかった。書き始める前から彼らは私のヒーローであり、今なお私の思いは、日々彼らとともにある――人がいかに人身取引加害者の魔の手に落ちるのかを、その勇気と明晰さをもって万人に教えてくれるジェニファー・ケンプトンも、もちろんその一人だ。

本書の執筆を始めたのは、この非道な犯罪に光を当てなければという切迫感に駆られたためだった。なるべく平易にわかりやすくして認知度を高め、罪なき人々が被害に遭うのを一人でも減らしたいと思ったのだ。特にぜひ、若い読者に届いてほしいと願っている。

心尽くしの気配りと頑なな厳しさを併せ持つ編集者、ワイリー・オサリヴァンのすばらしい助けがなければ、本書は執筆できなかっただろう。

加えて、トムソン・ロイター財団のすばらしいチームの面々、特に私の右腕アントニオ・ザップラの、ゆるぎないサポートに感謝したい。

そして当然ながら、このテーマに関する数多くの専門家の皆さんにも深く感謝している。長い時間を費やして私の質問に答え、なかなか理解が難しいこの産業の込み入った側面についても、懇切丁寧に教えてくれた方々だ。以下順不同で、ケヴィン・ベイルズ、コーネリウス・カトーナ、エヴェリン・チュムボウ、サイラス・ヴァンス、カイラシュ・サティヤルティ、スメダ・サティヤルティ、アルパナ・ラワット、デイヴィッド・バットストーン、マーティナ・ヴァンデンバーグ、ケヴィン・ハイランド、ベン・スキナー、ジェシカ・グレアム、メアリー・フィッシャー、バリー・コーク、アディティ・ワンチュウ、ジャイルズ・ボルトン、ニック・グローノ、カレン・フリードマン・アグニフィロ、カロリナ・ホルダネス、マナン・アンサリ、ミン・ダン、陳光誠、アジート・シン、スニータ・ダヌワール、セシリア・フローレス＝オエバンダ。そしてもちろん、アニッシュ・カプーアには、その情熱的で絶え間ないサポートに対して。

本書の執筆には2017年と2018年前半の休暇や週末を充てたが、最後の仕上げの期間には、ベラッジオにあるロックフェラー財団のヴィラに滞在するという特別の恩恵に浴し、理想的な環境で作業することができた。ピラー・パラシアとそのチーム、そしてラージュ・シャーには、作家をはじめあらゆる研究者や芸術家の楽園として、この場所を提供し続けてくれていることに、心からの謝意を表したい。

訳者あとがき

「現代奴隷」とは何か

「奴隷」という言葉を聞いて、どんな光景を思い描くだろうか。

ぼろをまとい汗と泥にまみれた人々。手かせ足かせ、そして鎖。古代文明における戦争捕虜、ローマのガレー船、あるいはアメリカ大陸に奴隷船で運ばれ、家畜のように働かされた黒人奴隷たち——いずれにせよ、心おどる想像ではないだろう。

歴史の教科書では、たしか南北戦争の頃にリンカーン大統領が奴隷解放宣言を行って、人間はみな平等になったはず——ところが今、世界のニュースで「現代奴隷」という言葉を聞かない日はない。いったい現代奴隷とは何なのか。昔の奴隷とは違うのだろうか？

違うとも言えるし、同じとも言える。違うのは、昔の奴隷は合法だったが今は違法だということ。昔の奴隷は外見からすぐわかったが、現代の奴隷は一見そうとはわからないこと。昔の奴隷は主人の財産だったが、現代の奴隷はたいてい使い捨てであること。

一方同じなのは、昔と同様、現代の奴隷も人間として扱われていないこと。昔も今も奴隷は傷つき、苦しみ、不幸を呪い、なんとか抜け出したいと思っていること。そして昔も今も、金銭欲と支配欲が、そして人権より経済的利益を優先させるこの社会が、さらに世間の無関心が、奴隷を生み出しその状況を放置していること……。まさに本書の原題 ***Slaves Among Us***（私たちの間にいる奴隷たち）が示すように、今も社会のあちこちに奴隷にされている人がいて、日々苦しんでいる。

個人的なことで恐縮だが、筆者（訳者）は、2007年に本書第11章に言及のあるノット・フォー・セールのデイヴィッド・バットストーンの著書（団体名と同じ ***Not For Sale***）と出合ったことで、現代奴隷・人身取引の問題を知った。そしてその本を翻訳出版した直後の2011年に「ノット・フォー・セール・ジャパン（NFSJ）」として小さなボランティア団体を立ち上げ、情報発信・講演・イベント開催などを通じ、主にこの問題を「知らせる」活動を行ってきた。また団体として「人身売買禁止ネットワーク（JNATIP）」と「消費から持続可能な社会をつくる市民ネットワーク（SSRC）」に参加しており、さまざまなプロジェクトと対話の機会を通して、政府、企業、消費者などに働きかけている。

本書の翻訳は筆者の個人的活動だが、奇しくも、多くの人にこの問題を知らせたいというNFSJの使命にも合致することとなった。これまでの活動の中で見聞きしてきた情報をもとに、この「訳書あとがき」を記していきたい。

サバイバーへの注目

さて、著者のモニーク・ヴィラは、ここ10年ほど現代奴隷問題に取り組んできたジャーナリストだ。自ら率いるトムソン・ロイター財団主催の「カンファレンス」を軸に、多くの関係者から話を聞き、この本をまとめ上げた。

ヴィラは特に「サバイバー」たちに注目する。過酷な現代奴隷の被害に遭いながらも、強い意志の力で逆境から抜け出し、さまざまな苦難を抱えつつ、自分と同じ境遇にある被害者のために闘い続ける人々だ。作中、彼ら自身の声として語られるジェニファー、ディーペンドラ、マルセーラの物語は、それぞれ場所も形もまるで違うが、現代の奴隷とは何なのか、どんな困難があるのかを、言葉の端々にいたるまで、説得力をもって伝えてくれる。目を背けたくなるほど辛く悲しい場面もあるが、ぜひじっくりと読んでみてほしい。

東京で奴隷だったマルセーラ

なかでもマルセーラの物語は、とてもショックなことに、日本の東京が舞台になっている。20年ほど前の話だが、コロンビアから日本へ売られ、1年半ものあいだ売春を強要された女性がいた。マルセーラはこの壮絶な体験を自らスペイン語で本に著し、数年前には日本語訳も出版されている（『サバイバー――池袋の路上から生還した人身取引被害者』マルセーラ・ロアイサ著、常盤未央子・岩崎由美子訳、ころから、2016年）。昔の奴隷貿易さながら東から西へと海を越え、売られてきた先が東京なのだ。

世界全体を視野に英語で書かれた本書の中で、ここ日本が、壮絶な搾取の三つの舞台の一つとして描かれたことを、私たち日本人はどう受け止めたらいいのだろう。これは「過去のこと」として無視してよいのだろうか？

たしかに外国人女性に売春を強要する人身取引の件数は、20年前に比べ減っている。ビザ発給要件の厳格化など、当局も目を光らせるようになった。それでもいまだに母国のブローカーに「普通の仕事」だと騙され、着いたとたんに多額の借金を負わされ、パスポートを取り上げられ、酷い時には暴力や脅しにより、また監禁に近い形で、売春やホステス業を強要される外国人女性の例が後を絶たない。暴力団が絡んでいたり、東南アジアの犯罪組織とつながっている場合もある。決して過去の話ではないのだ。

人身取引という罪を犯してまで、わざわざ海外から女性を連れてきて売春させようとする――それは、リスクを上回る、儲かる市場が日本にはあるからだろう。買春需要が大いにあるからこそ成り立つ商売なのだ。これは外国人女性の問題ではない。暴力団だけの問題でもない。買春する多くの日本人男性、そしてそれを許容している日本社会全体の問題だ。

ディーペンドラと技能実習生

さて3人のサバイバーの中で唯一の男性、唯一のアジア人、そして唯一労働搾取を受けた現代奴隷の例として登場するディーペンドラの話も、ぜひ他人事とは思わずに読んでほしい。そう勧めたい理由は二つある。

一つはこれが中東のカタール、つまりちょうど今年（2022年11月）に男子サッカーワールドカップ大会が開かれる、まさにその国で起きた出来事だという点だ。サッカーワールドカップといえば日本中が熱狂する国際スポーツイベントの一つ。今年も代表チームの試合をカタールからの中継で見守る人も多いだろう。

けれども、あの華々しい大イベントが行われるその裏では、スタジアムをはじめ宿泊・飲食その他施設の整備のために大規模な建設事業が行われ、多くの外国人労働者が雇われた。そこで起きていたのが建設現場での奴隷労働なのだ。フェアプレーを掲げるスポーツの現場にも、実は背中合わせにこのような闇が潜んでいる。

そして他人事ではないもう一つの理由は、中東で奴隷労働を生み出す元凶である「カファラ」制度の問題が、昨今日本でも注目が高まっている外国人技能実習制度の問題に酷似していることだ。

カタールでは建設労働の大半を海外からの出稼ぎ労働者が担っている。少子高齢化で人手不足が深刻な日本も似たような状況だ。そこで「国際貢献」「途上国への技術支援」を謳う技能実習制度が、建設のみならず農業、漁業、金属加工、縫製、介護などの人手不足を補うべく機能している。中東では移住労働者を管理するために雇用主が「身元引受人」となり、労働者の面倒を見る代わりに、国内の移動や出国の際に許可証を発行する権限を持つ。労働者をその裁量において支配できるのだ。このカファラの制度は、「特定の技能を得るための実習制度」という名目が存在するばかりに、労働者（実習生）があらかじめ決まった雇用者の下でしか働けない技能実習制度と重なる。実習生はたとえ来日後に転職したいと思っても、制度上、原則的に職場を替わることはできない。

しかも母国ネパールで斡旋業者への多額の支払いのために借金せざるを得なかったディーペンドラと同じで、日本に来る技能実習生も、多くが母国で「送り出し機関」にさまざまな名目での手数料を要求されており、やはり多額の、酷い場合は100万円を超える借金でそれを払い、その上で来日する。職場を自由に移れない束縛と、母国での借金が掛け合わされた構図のために、本書のディーペンドラ、そして日本に来る技能実習生は、非常に脆弱な立場に置かれる。雇い主に対し直接負債があるわけではない。だが雇用者は労働者が母国で債務を抱えていることを知っているし、酷い場合には母国の斡旋業者と通じていて、金を巻き上げている可能性すらある。日本の実習「監理団体」が、ベトナムの送り出し機関に多額の接待をさせていたという事実が明るみに出たこともある。

そして約束と違う仕事内容、劣悪な居住環境、契約と違う労働時間や給料（特に賃金不払い）、パスポートの取り上げ、恫喝や暴力、不当な天引き、危険な作業内容など、ディーペンドラやその同僚たちが体験した搾取・虐待・人権侵害の多くが、日本で報告される技能実習生へのあらゆる搾取・虐待・人権侵害と瓜二つなのだ。日本の技能実習生のうち酷い状況に置かれた人々がなぜ「現代の奴隷」と呼ばれるのか、容易に理解できるだろう。

「タトゥー」に苦しむジェニファーと日本の少女たち

さて本書に登場するもう一人のサバイバー、ジェニファーについては、その壮絶な体験記を読むのはとても辛かったことと思う。訳す側も「この世の地獄」という言葉がしばしば頭をよぎった。ジェニファーのように自国内で恋人によって売られ、奴隷としての搾取を受けるという経験は、愛する家族と引き離され外国に売られるのとはまた違った、孤独と屈辱と絶望をもたらすものだろう。

しかし彼女の経験もまた、日本に似たような事例が多数存在する。ジェニファーが苦しんだ薬物依存症やタトゥー（刺青）の強要は、もしかしたら日本ではさほど一般的ではないかもしれない。けれども、たとえば昨今クローズアップされている日本人の若年女性たちを襲うあらゆる性的搾取が、これに匹敵するのではないだろうか。

たとえば貧困や家族崩壊や虐待などの環境で育ち孤独を抱える少女の前に、優しい言葉をかけ自分を大切にしてくれる魅力的な男性が現れたとしたら？　ジェニファーはセイレムから「グルーミング」という一種の洗脳戦術を仕掛けられ、搾取に絡めとられていった。今日本では多くの少女（ときに少年）がＳＮＳで知り合い親しくなった男性（同性や同年代を装っている場合もある）に騙されて性的な画像映像を送ってしまい、そこから脅しと搾取が始まり抜け出せなくなることがある。家庭や学校に問題がなかったとしても、ちょっとした不安や寂しさ、あるいは好奇心につけこまれるので、誰もが被害にあう可能性がある。

また「アダルトビデオ出演被害問題」については2022年春に新たに規制法ができるなど多少状況は改善しているものの、自分の恥ずかしい画像映像が「デジタルタトゥー」としてネット上に出回ることの恐怖は、ジェニファーの体に彫られたタトゥーと同様、あるいはそれ以上に、女性たちを苦しめる。性的な人身取引は被害者に深刻なトラウマをもたらし、それは一生消えない傷となって少女たちにつきまとう。ジェニファーがその苦しみから逃れられず、結局は薬物に戻り死に至ったのと同じで、日本でも多くの被害者が心の傷から回復できず、なかには自死を選ぶ人もいる。場所や状況は多少違うが、ジェニファーの物語を通してもまた、日本にいる被害女性たちのことが浮かび上がってくる。

現代奴隷問題の解決のために何ができるか

ここからは「では、どうしたらいいのか？」という難題にも触れていきたい。

ＩＬＯの試算では、現代奴隷（強制労働）による利益は年間１５００億ドルだという。もはや政府だけ、あるいはＮＧＯだけで取り組んでいたのでは、解決はとうてい不可能だ。気候危機と同じで、地球上の誰もがこの問題を知り、その立場や能力に応じ、あらゆる方法を用いて、一斉に取り組まなくてはいけない。

そうした意味で、本書第10章と第11章で語られるさまざまな取り組みは、私たちの行動へのヒントと同時に、大いなる希望を与えてくれていると言える。たとえば衛星画像から奴隷労働の現場である煉瓦焼き工場等の位置を特定したり、店舗のクレジットカード決済記録から闇の性産業の存在を暴いたりなどの方法は、人権擁護の目的に科学技術を駆使するという発想を持つことで、それまでは一軒一軒扉を叩いていたような調査の仕方も、一網打尽のスマートな犯罪捜査にシフトできる可能性を秘めている。

研究者が、銀行家が、弁護士が、科学者が、あらゆる職業の人々が、それぞれの立場でのユニークな取り組みを始めている。たとえそれがどんなに小さくても、自分の知識と技術と経験をもって、どのように現代奴隷制との闘いに貢献できるかを一人ひとりが真剣に考え行動に移すことができるならば、問題の解決は夢ではない。

今、「ビジネスと人権」という文脈で現代奴隷問題が語られつつあり、企業がこの問題に果たせる役割の大きさが注目されている。自社製品の製造過程、サプライチェーンのどこかに奴隷労働が潜んでいないかどうかを、企業自らが調べて対処することが求められている。「ESG投資」は企業をそのような基準で捉え直す取り組みであり、消費者もまた企業の「エシカル度」に関心を持ち、商品の選び方を再考する時代が来ている。奴隷労働が行われていないと確認されたフェアトレード認証製品を選ぶことも、小さいけれど誰もができるアクションのひとつだ。

希望の見えないこの時代にも

本書の原著が刊行された2019年以降、世界は二つの巨大な変化に見舞われた。一つは2019年末に始まり今なお続く新型コロナウィルス感染症の蔓延、もう一つは2022年のロシアによる対ウクライナ戦争だ。どちらも、残念ながら現代奴隷の状況をさらに悪化させ、世界における取り組みを大きく後退させることになった。

前者のコロナ蔓延では、人々の健康状態はもちろん、雇用・経済・教育状況が悪化し、奴隷状態で働かざるを得ない人や児童労働の従事者が増えた。学校に通えない子どもが増え、オンラインでの性搾取も増えた。また後者の戦争では、多くの人が国内外に避難する事態となり、搾取のリスクが高まっている。食料輸出の停止でアフリカなどが危機に陥り飢餓が襲い始めている。エネルギー資源や製品の輸出入がストップし、世界の失業者が増え経済的安定も揺らいでいる。これらはすべて、現代奴隷制のリスクを増大させる。

このような状況下、私たちには逆風が吹き荒れているように思える。ただでさえ厳しい世の中で、いったいどうしたら現代奴隷の状況を改善していけるのか、と。

そんなとき、私たちは著者の言うように、サバイバーたちの姿を見、その声を聞くべきだろう。彼らは地獄のような日々を耐え抜き、そこから生還した。希望は、あるのだ。

現代奴隷とは、本当に厳しい難題だ。けれども、私たちはともにサバイバーになり、ともに現代奴隷制を葬り去ることができるはず。この本を手に取ったあなたにはぜひ、そのような希望を、たとえわずかであってもたしかにそこにあるものとして、見出していただければと願ってやまない。

最後に、筆者の突然の売り込みにもかかわらず、本書の意義を認め訳書出版にご尽力くださった高野達成編集長をはじめ英治出版の皆さん、すばらしい示唆をもたらしてくれた著者モニーク・ヴィラ氏、ともに人身取引・現代奴隷問題の解決に向けて活動している多くの同僚・関係者の皆さん、そしてなにより本書を手に取ってくださった読者の皆さんに、厚く御礼申し上げます。

2022年11月　訳者

索引

［著者］

モニーク・ヴィラ　Monique Villa

トムソン・ロイター財団アドバイザー、元CEO。AFP通信で現場記者として活躍、AFPの国際パートナーシップ構築に尽力し、ロイター・メディア、アクション・イメージなどのトップを経て2008年にトムソン・ロイター財団CEOに就任。同財団による、法律事務所とNGOをつなぐプロ・ボノ法務プログラム「TrustLaw Connect」、および女性の権利向上を目指した「Trust Women Conference」を創設。2011年には、企業倫理シンクタンク「Ethisphere」が選ぶ「企業倫理において世界で最も影響力のある100人」に選ばれている。

［訳者］

山岡万里子　Mariko Yamaoka

国際基督教大学教養学部卒業。翻訳業を通して人身取引の問題に出合い、その啓発活動を行う「ノット・フォー・セール・ジャパン」を立ち上げ、代表を務めている。「消費から持続可能な社会をつくる市民ネットワーク」共同代表幹事。「人身売買禁止ネットワーク」運営委員。訳書に、『告発・現代の人身売買――奴隷にされる女性と子ども』（デイヴィッド・バットストーン著、朝日新聞出版、2010年）、『性的人身取引――現代奴隷制というビジネスの内側』（シドハース・カーラ著、明石書店、2022年）などがある。